自分理解の
心理学

田口則良 編著

北大路書房

はしがき

　情報通信機器や家庭電化製品などのめざましい開発により，日常生活がたいへん便利になりました。それに並行して精神生活も豊かにはなりましたが，心理的不安定さを導く要因も増え，自殺や殺人，幼児虐待，暴力行為，暴走族，カルト集団の出現，生活習慣病など枚挙のいとまがないほど反社会的・非社会的行動や問題が多発しています。今やこころの問題を科学的に扱う心理学は，これらを未然に防ぎ，打開していくために重要な学問としてクローズアップされてきました。そのために，21世紀にはばたく青年にとってまさに心理学は必須の教養になりつつあります。

　本書は，心理学を初めて学ぶ青年がこのような現代社会の緊迫した現状を認識し，それに応える強い精神力を養成することを意図して作成しました。

　まず，四年制大学，短期大学，専門学校，看護学校などの広範囲にわたる読者が無理なく学べるように，難しいことばはできるだけ使わず，平易な文章で書くように努めました。また，理論や学説は，分かりやすくするために，実験例や具体例を付け加えるように心掛けました。

　特に本書で重視したのは，書名を「自分理解の心理学」としたように，心理学を自分理解の有効な手段として捉え，自分の生き方と結びつけて自己反省したり，考え方を確立したり，将来の進むべき方向を見極めるのに役立つように企画したことです。そのため，読者が青年であることから，特に，青年期の心理的特性や発達課題，不適応行動などを詳述しました。本来，青年期の心理学は，発達心理学の1分野として，または独立した学問の領域として取り扱われますが，それは教育学部などの学生の学習に限られますし，他学部では学習する機会がほとんどありませんので，敢えて本書では主たる内容として取り上げることにしました。

　さらに，心理学の諸問題を実生活から遊離させないで学び，感じるために，近年，マスコミの俎上に上った社会現象をピックアップして，コラムとして解

説しました。

　以上の他に，本書をテキストとして使用する場合を想定し，原則として各章とも前半を心理学の基礎・基本篇，後半を青年期および日常場面での問題として区別しましたので，半期で使用する場合は前半だけを選択して取り扱うことをお勧めします。

　最後に，本書の刊行に当たっては，新進気鋭の若手研究者に御専門の章の執筆をお願いしましたところ，本書の趣旨に賛同いただき，御多用を顧みず，全面的に御協力いただきました。そのために，類書に見られない最近の興味深い研究や社会問題が多数含まれることになり，心理学に関心をもつ社会人の心理学の今日的動向の分かる読み物としても使用できるようになりました。また，北大路書房編集部の北川芳美氏には，粘り強い激励や，校正に関する細心なチェックをしていただきました。御執筆の諸先生ならびに北川芳美氏，また本書の刊行に御尽力いただいた多数の関係者の皆様に心から感謝の意を表する次第です。

2000年2月

田 口 則 良

目　次

はしがき

1章　自分理解の心理学とは　　1

1　心理学とは　2
1．心理学の定義　2
2．心理学研究の歩み　2
3．心理学研究の方法　8

2　自分理解の心理学とは　10
1．自分理解とは　10
2．自己実現の過程としての自分理解　11
3．自分理解の心理学の意義　13

3　青年期における不適切な自分理解の病的傾向　15
1．青年期に起こりがちな不適切な自分理解の病的傾向　15
2．学習へ無気力になる病的傾向　16
3．社会人としての自覚がいつまでも形成されない病的傾向　17

2章　一生は，自分理解と自己実現の過程　　19

1　発達とは　20
1．発達の原理　20
2．発達を規定する要因　22
3．発達段階と発達課題　25

2　青年期の発達　28
1．青年期の特徴　28
2．青年期の反抗　30
3．青年期の発達課題　32

3章 環境を知る ……………………………………………………… 37

1 知覚・認知とは　38
1．知覚・認知の意味　38
2．知覚・認知の特性　41
2 知覚・認知と脳　45
1．脳の構造と機能　47
2．脳損傷による知覚・認知の障害　48

4章 自己実現への学習 ……………………………………………… 53

1 学習とは　54
1．古典的条件づけ　54
2．オペラント条件づけ　56
2 動機づけとは　58
1．1次的欲求と2次的欲求　58
2．内発的動機づけと外発的動機づけ　59
3．自己実現への欲求　61
3 自己実現への学習　65
1．自己学習能力　65
2．職業選択のための学習　66
3．生涯学習　68

5章 学習効率に寄与する能力 ……………………………………… 73

1 知能とは　74
1．知能の定義　74
2．知能の診断　75
2 思考とは　77
1．問題解決―試行錯誤と洞察　77
2．創造的思考―新しいものを作り出す　81
3 青年期以後の学習の能力　83
1．青年期の学習能力　83
2．壮年期・老年期の学習能力　84

6章　記憶と自己の関わり … 89

1　記憶とは　90
1．記憶の過程　90
2．記憶の種類　91
3．記憶印象の変容過程　95
4．意味記憶（知識）の利用　97

2　記憶と自己の関わり　101
1．メタ認知　101
2．思い出の役割　103

7章　相互理解を図るコミュニケーション … 107

1　コミュニケーションとことば　108
1．コミュニケーションの発達　108
2．愛着（アタッチメント）の発達　109
3．言語の獲得　111
4．言語獲得の諸相　113

2　ことばの機能　117
1．会話行動の発達―ことばを支える認知機能　117
2．個体的コミュニケーション行動―思考の道具と自己調節機能　118
3．書きことばの機能　119

3　相互理解を図るコミュニケーション　120
1．他者のこころを理解する？―「こころ」を理解することのむずかしさ　120
2．文化とコミュニケーション　124

8章　健康なパーソナリティ … 129

1　パーソナリティとは　130
1．性格とパーソナリティ　130
2．パーソナリティの類型　131
3．パーソナリティの発達　134

2　健康なパーソナリティ　135
1．健康なパーソナリティとは　136
2．パーソナリティの障害　137
3．パーソナリティの自己診断　140

4．パーソナリティ改善の可能性　*141*

9章　ストレスに打ち克つ適応能力　*147*

1　適応とは　*148*
1．適応と順応　*148*
2．欲求不満の型　*149*
3．適応機制　*150*
4．欲求不満耐性　*153*
5．欲求不満反応の自己評定　*154*

2　適応への失敗　*156*
1．自律神経失調症とノイローゼ　*156*
2．職場放棄　*157*
3．拒食症　*158*
4．自殺　*159*

10章　生きがいのある生活の構築　*163*

1　社会的行動とは　*164*
1．対人認知　*164*
2．社会的態度　*168*

2　集団と個人　*170*
1．集団の中の個人　*171*
2．集団間の対立　*172*

3　現代社会の特質　*174*
1．人間関係の希薄化　*174*
2．目標のもちにくさ　*175*

4　生きがいのある生活の構築　*175*
1．結婚と家庭生活　*176*
2．職業生活　*177*

Q解答　*181*
用語解説　*185*
引用文献　*195*
事項索引　*202*
人名索引　*207*

column —コラム—

- column ① 超常現象 *7*
- column ② アダルト・チルドレン *27*
- column ③ 情報通信機器の氾濫と刺激欠乏環境 *42*
- column ④ 携帯電話と知覚・認知 *46*
- column ⑤ 職業を選択するための学習の効果 *69*
- column ⑥ EQ：Emotional Quotient *79*
- column ⑦ 偽りの記憶 *98*
- column ⑧ 男らしさ・女らしさの科学 *126*
- column ⑨ ひきこもりと人格障害 *139*
- column ⑩ 被虐待児症候群 *160*
- column ⑪ 血液型ステレオタイプ *167*

1章 自分理解の心理学とは

　心理学は，こころの学問として出発しましたが，その対象は，多様に変化しながら今日に至っています。特に，科学として認められるようになったのは19世紀の後半であり，その後，急速に研究が進展していきました。その過程を代表的な理論を中心に説明します。

　次に本書の主題である「自分理解」について，取り扱います。現代青年は，学歴偏重・偏差値重視の中で中・高校生時代を送ったため，自分理解の力が育っていないといわれます。青年期は，精神的自立が求められる時で，職業や結婚への準備期という大切な時期でもあります。そのためには，自分理解を確立することが緊急の課題になります。自分自身をしっかり見つめ，この社会に自分が存在していることを自覚し，将来を見据えた大学生活を送り，社会人として前向きに生きようとする自分理解（自我同一性）を獲得しなければなりません。本章は，そのための指針を与えてくれます。

1　心理学とは
2　自分理解の心理学とは
3　青年期における不適切な自分理解の病的傾向

 心理学とは

1 心理学の定義

　心理学は，英語では，psychology といい，元来，ギリシャ語の psyche（プシケ，こころの）と，logos（ロゴス，学問）に語源を発する用語で，「こころの学問」を意味します。しかし，感じたり，記憶したり，考えたりする「こころ」は，本人だけにしかわからない個人的色彩の強い性質のものであり，誰にでも共通にとらえられる客観的体験になりにくいために，過去，長い間，科学的な学問としては成立しませんでした。

　ところが，心的過程が外界に現れた「行動」を，研究対象とするようになると，観察可能な対象であるだけに科学的条件を満たしやすく，心理学は科学的な学問として確立することになりました。提唱者の1人であるワトソン（Watson, J. B.）は，「心理学は行動の科学である」と定義し，いっさいの心的過程を対象から除外したほどです。

　しかし，20世紀になると心的過程が見直されるようになり，行動と心的過程とは表裏の関係にあり，切り離すことはできず，両者とも研究対象とするのが望ましいという主張が現れ，「心理学とは，行動と経験の科学である」と定義されるようになりました。ごく最近では情報科学が著しく進歩したこともあって，心的過程の内，つまり認知活動の研究が脚光を浴びるようになってきました。

2 心理学研究の歩み

●学問として成立する以前の心理学

　心理学をはじめ，多くの科学は古代ギリシャから始まったといっても過言ではありません。紀元前4世紀には，哲学者アリストテレス（Aristoteles）が心理学と取り組み，霊魂論を著しています。彼は，人間のみならず，動物，植物のすべてにこころの存在を認めました。つまり，生命活動そのものをこころとして位置づけたのです。さらに，生あるものはこころと身体から成り立っており，どちらか一方だけでは存在しないという**心身二元論**を唱えました。

彼の研究は，感覚，記憶，連想，睡眠，夢，老年学まで広範囲にわたり，なかでも，連想については，現代心理学の考え方に大きな影響を与えました。それは**連想の三原則**というもので，たとえば「接近」とは，「机」という言語刺激に対して「椅子」，「類似」とは，「自転車」に対して「三輪車」，「対比」とは，「白」に対して，「黒」と，それぞれ答える場合です。このような科学的手法がすでにギリシャ時代に採用されていたことには，目を見張るものがあります。

16世紀に頭角を表したデカルト（Descartes, R.）も，人間は魂と肉体から成り立っているという心身二元論に立ち，両者の結合は脳の中央にある小さな腺，松果腺であると考えました。ロック（Lock, J.）も，同様に，デカルトの二元論を受け継ぎましたが，デカルトの先験説と異なり，こころは生まれた時には白紙（tabula rasa）の状態にあり，外からの情報は感覚を通して，こころの働きの情報は内省を通して，色がつけられるという**経験説**を唱えました。

●科学としての心理学成立への胎動

心理学に実験的手法を導入し，独立した学問にまで高めたのが，ヴント（Wundt, W.）です。彼は，ライプチッヒ大学の哲学教授でしたが，1879年に世界で初めて大学公認の心理学実験室を創設しました。

彼は，被験者に感覚刺激を与え，それによって生ずる意識内容を報告させる「**内観法**」を採用しました。たとえばメトロノームの音を変化させて聞かせ，どのように感じたかを説明させる仕方であり，単に規則正しく聞こえたとか，不規則に聞こえたという音の感覚だけでなく，快・不快の感情までも報告させました。このように意識内容を感覚的要素と感情的要素に分けて取り扱い，その結合として，意識内容を組み立てる仕方だったので，**構成心理学**と呼ばれました。

彼の門下生の1人であるティチェナー（Titchener, E, B.）は，意識内容を構成要素に分解する研究に没頭して，構成心理学の確立に貢献しました。わが国では，松本亦太郎がティチェナーに学び，1901年に初めて心理学実験室を東京大学に創設しました。

図1.1　ヴント（Wundt, W.）

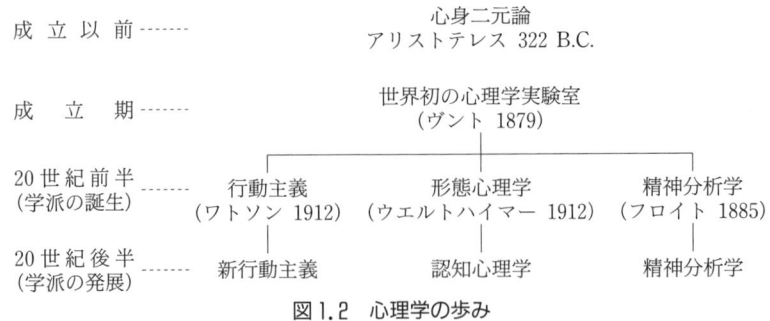

図1.2 心理学の歩み

●20世紀初頭の心理学—いろいろな学派の誕生

ワトソンは、ヴントの研究対象は、意識であり、意識は本人の内観を通してしかとらえられないので、科学的対象にはなり得ないと批判しました。そして、主観性をいっさい排除して、客観的に観察できる「行動」のみを研究対象とする「**行動主義**」を唱えました。

特に、行動は、刺激（S）に対する反応（R）であるとして、両者の関係を明らかにすることに努めたので、**S－R理論**とも呼ばれました。簡単な行動は単一刺激と筋や腺の反応の結合であり、複雑な行動はそれの複合したものであると考えました。さらに、いっさいの行動は、成長する過程で学習された産物であり、生まれつきのものではないという経験重視の立場にたちました。彼の理論はたいへん明快でしたが、あまりに機械論的すぎたため、意識を否定できないと思っていた多くの研究者から間もなく批判を浴びることになりました。

ウェルトハイマー（Wertheimer, M.）は、近接した2つの光点が点滅すると、あたかも1つの光点が移動しているかのように見える現象（**仮現運動**）に関心をもって研究を進めました。そして、そのような光点が移動するように見える現象を、ヴントが主張したように、単一感覚刺激には1つの意識内容が対応して生ずると要素的にとらえるならば、静止した2つの光点が単独に点滅して見えるはずであると批判し、2つの光点が全体の一部になって認知されるという「**形態心理学**」を提唱しました。

形態とは、ドイツ語のGestaltを訳したことばであり、「まとまりのある形」を意味します。たとえば、図1.3では、AもBも単なる点の集合に過ぎません

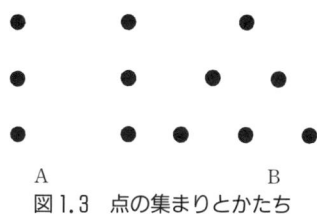
図1.3 点の集まりとかたち

が，Aは四角形，Bは三角形として見えるでしょう。各点は全体の中の一部に埋没してしまって，点としてはとらえにくいのではないでしょうか。

ケーラー（Köhler, W.）は，この理論をチンパンジーで実験してみました。檻の中から柵外にある棒を使って手だけでは届かない遠くのバナナを引き寄せる課題を与えてみました。すると，チンパンジーは迷った上，突然，棒を取り，道具として使用すればよいことに気づきました。檻や棒やバナナをばらばらの刺激の集合としてではなく，課題解決活動の一連の流れに位置づけてとらえていることがわかります。

ヴントが意識，ワトソンが行動を研究対象としたのに対して，フロイト（Freud, S.）は，それだけでは説明できない心的過程があり，無意識を仮定する必要があるとして，「精神分析」を提唱しました。彼は，精神科医で，もともと脳の器質的障害から生ずる異常行動を研究していましたが，原因が認められないのに目や耳が機能しなくなったり，手足が麻痺したり，しゃべれなくなったり，意識を失ったりする患者がいることを見出し，それは，したくないことやストレスがあり，その障害物から逃れるために無意識にでてくる願望であろうと考えました。

また，彼は，人にはこころの奥底に性衝動に支配される心的エネルギーがあり，満足させたいという激しい欲求をもっているといいます。しかし，現実生活ではその欲求を達成させることがむずかしく，常に抑圧され，コンプレックスとなって無意識の中に押しやられており，それが，ときとして，夢となったり，言い間違いや書き間違い，やり間違いとして変形して現れたり，心身症や神経症にまで高じて現れると考えました。

無意識の中心に性衝動をおく彼の発想は，多くの批判が集中し，その中の1人，アドラー（Adler, A.）は，その代わりに自己主張または権力への意思を据

え，ユング（Jung, C. G.）は，心的エネルギーを宗教や思想まで含めて広くとらえて，それの向かう方向の違いから，**内向一外向**を区分しました。

● 20世紀後半の心理学―意識の再見直し

行動主義の徹底した科学主義には賛同しながらも，構成主義の意識も否定しきれない研究者たちは，刺激と反応との間に意識，すなわち，心的過程を介在させて，行動を説明する**「新行動主義」**を唱えるようになりました。

トールマン（Tolman, E. C.）は，刺激を目的的行動が生起する環境ととらえ，その目的を達成させるためには，中継ぎとなる心的過程を仮定することが求められると考えました。彼は，刺激を独立変数（S），行動を従属変数（R），中継ぎを仲介変数（O）として関数関係で表したので，**S―O―R理論**とも呼ばれています。

ハル（Hull, C. L.）は，仲介変数として習慣強度，動因，反応ポテンシャルなどを挙げ，実験を通して3者の関係を数式で明らかにしました。また，スキナー（Skinner, B. F.）は，仲介変数は仮定しませんでしたが，いろいろと刺激条件を変化させて計画的な実験を行い，行動の法則性を明らかにしました。

思考や記憶，推理，問題解決などの心的過程は行動主義からは科学の対象になり得ないとして否定されてきました。ところが，心的過程を仲介変数として位置づける新行動主義や，その後，過去経験や動機づけが知覚過程に影響を与

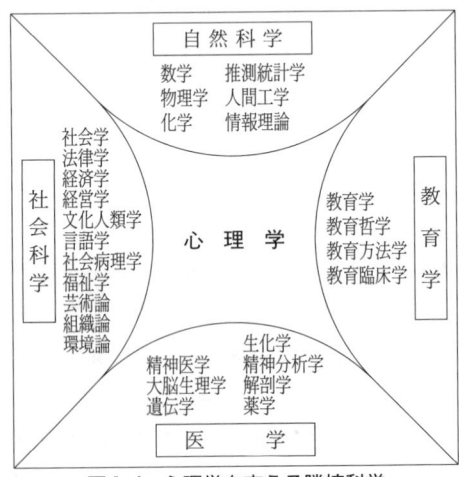

図1.4 心理学を支える隣接科学

COLUMN ❶

超常現象

　テレビの普及とともに，自然科学では解明できないような不思議な現象が紹介され，私たちの目を楽しませてくれます。ユリ・ゲラーという超能力者がスプーンにふれないで，手のひらをかざして念ずるだけで曲げてしまうというパフォーマンスを演示してくれたことがありました。このような超常現象は，昔から人間の関心事であったらしく，たとえば，1880年代には，イギリス心霊研究協会が遠く離れた近親者の死を誰も知らせないのにインスピレーションで感じとることができる現象や，死霊を呼び出し，交信できる霊媒体となる人間について研究しています。

　日本では，1910年に福来友吉が，千里眼の持ち主であった御船千鶴子を招いて，著名な学者の面前で「道・徳・天」の3文字が書いてある紙を密封した容器に入れ，いい当てさせる実験を行いましたが，彼女は，10分後，すべてに成功しました。また，神通力のあった長尾郁子にも念写実験を試みました。しかし，当時としては奇抜な研究であったため，彼は，大学を辞職することになりました（利島，1988）。

　このような中，1930年頃，アメリカ・デューク大学のライン（Rhine, 1934）が科学的実験に成功しました。彼は，透視やテレパシー，予知などのように感覚器官を介さないで対象の情報をキャッチする現象を超感覚的知覚（E. S. P.），物理的エネルギーを加えないで，対象に物理的影響をもたらす念力（P. K.）の2つを分類し，両者をまとめてサイ（psi）現象と名づけました。彼が行ったE. S. P.実験とは，図1.5のような5枚1組のいろいろな幾何学図形で構成される5組を1シリーズとして，1組ずつ，図形が見えないように裏返しにして提示し，見本カードのどれと同じかを当てさせる透視実験，また，数枚提示した後，次にどのカードがくるかを当てさせる予知の実験です。多数の人で調べた結果，高い正答率を得て，E. S. P.があることを証明しました。当時としては結果を疑問視する声もありましたが，心理学会や数理統計学会が調査をして間違いがないことがわかり，承認されることになりました。

　その後，アメリカでは，E. S. P.についていろいろな角度から実験がなされており，どれも肯定的な興味ある結果が認められています。また，オランダなどでは超能力者が犯罪捜査で，積極的に活用されています。しかし，このような超常現象は，それを証明する科学的根拠が見出せないので，今日でも日本の心理学会や物理学会などでは十分に受け入れられているとはいえません。

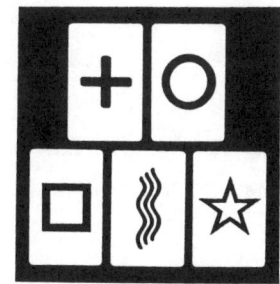

図1.5　ESP実験

えることを明らかにしたブルーナー（Bruner, J. S.）を中心としたニュー・ルック学派が，登場するようになり，認知が心理学の中心課題になってきました。

特に，認知活動が，情報を感覚・知覚を通して受け入れられ，大脳中枢によって処理され，記憶され，活用される**情報処理過程**として見直されるようになり，それをモデルに表したり，数量化したりして解明しようとする医学，生理学，物理学，数学，統計学などにわたる学際的・科学的研究がなされるようになりました。

3 心理学研究の方法

●研究に際して注意すべき点

心理学の研究対象は，行動のみならず，意識や無意識など広範囲にわたっており，その中には，客観化がむずかしい内容も含まれます。したがって，曖昧なままにして進めると，本来の科学的研究からほど遠い主観性の濃いものになってしまいます。それを排除する条件として，研究対象に含まれる心理事項は，操作的に定義ができる概念に限ることが求められます。

①心理事項は，すべての研究者が同じ意味として理解できるものでなければなりません（概念の公共性）。

②心理事項は，意味が単一であり，共通の視点からとらえられるものでなければなりません（概念の一義性）。

③共通的方法であれば，繰り返し取り扱えるものでなければなりません（概念の反復性）。

操作的定義の例として，「空腹」を「摂取した食べ物の量」，「渇き」を「摂取した水分の量」と定義すると，誰でも食べ物の量や水分の量は実測できるので，共通的概念として理解しやすくなります。また，「睡眠」を「特定の脳波パターンが現れた状態」と定義すると，脳波を解読することによって客観的にとらえることができます。実際，深い眠りになると，振幅の長いデルタ波が出現します。

研究目的は，明らかにしたいことを，わかりやすく簡単明瞭にまとめます。その際，実り多い成果を得ようとすれば，あらかじめ，かくかくの条件下ではかくかくの結果が生起するはずであるというような見通しをたてておくことが

望まれます。これは**仮説検証的方法**といわれます。

　研究方法には，研究対象，研究期間，資料収集の方法，結果のまとめ方，考察の仕方などが含まれます。いうまでもなく，研究目的を明らかにする訳ですから，各手続きの間に一貫性がなければなりません。特に，次に述べる資料収集の方法は，仕方や明らかにできる内容がそれぞれ異なるので，どの方法が適切であるかを選択するにあたっては十分吟味する必要があります。

　研究結果の解釈と考察は，資料に忠実に行います。研究以前から予想していた思いにとらわれ過ぎ，抽出した結果を無視して逸脱した，考察をする傾向になりがちですが，それでは研究した意味を否定することになります。結果はあくまで資料に即して明らかにできたことをまとめ，考察は，その事実に基づいて先行研究との関係や自分の考えを忠実に述べなければなりません。

●資料収集の方法

●観察法　**自然観察法**は，被験者の行動をなんらの統制も加えないで観察する方法です。行動は，周囲の状況に応じて多様に変化するので，被験者の行動ばかりでなく，関係のある要因をすべてとらえることが大切です。また，観点を絞らないままとらえると，資料整理の段階になって無関係な記録だけが多く，必要な行動は見逃しているといった場合が生じます。

　実験観察法は，被験者を特定の条件下におき，それに応じて変化する行動を測定し，あらかじめ，設定した仮説通りになったかを調べる方法です。特定の条件を独立変数，変化した行動を従属変数といいます。

●調査法　**質問紙法**は，収集したい事項について，あらかじめ質問の形式の用紙を作成し調査する方法で，一度にたくさんの人にできるメリットがあります。ただし，質問する文が多様に解釈できる曖昧さがあると，人によって意味を取り違える場合が生じ，結果の信頼性がなくなります。

　面接法は，被験者に直接，対面して質問しながら資料を得る方法です。初対面だと，被験者は身構えて本当のことを話してくれない欠点が生じます。それを排除するためには，心おきなくなんでも話してくれるような信頼関係（ラポール）をつくるよう工夫する必要があります。

　検査法は，作業課題を与えて被験者の個性を明らかにする方法です。標準化されたものとして知能検査，性格検査，作業を中心にしたものとしてクレペリ

ン検査，ベンダー・ゲシュタルトテスト，曖昧な図形や文章に反応させるものとしてロールシャッハテスト，TAT などが含まれます。

事例研究法は，特定の個人について多くの資料収集の方法を駆使して調査し，また，長期間にわたって発達や変容の過程を分析して，総合的に診断する方法です。障害者や不登校児などの臨床的な研究に用いられます。

> Q1：心理学の研究では，人間ばかりではなく，動物も対象とされますが，どのような研究へのメリットがあるのでしょうか。ネズミを被験体として使用する場合について考えてみましょう。

2 自分理解の心理学とは

1 自分理解とは

自分理解の「自分」について，まず，考えてみましょう。「自分」を心理学の用語に置き換えると，自我（ego），または自己（self）ということになります。「**自我**」とは，見たり，聞いたり，考えたり，行動したりしている状態を感じている自分（主体）のことです。さらに，そのような心的活動をさせている人格そのものを指します。「**自己**」とは，自我を客観的な対象としてとらえるときの自分をいいます。つまり，主体そのものが自我，それを客体として意識した時が自己ということになります。たとえば，友だちと意見が合わなくて口喧嘩をしている時，興奮状態になって自説を繰り返している行為を感じている自分，またはそのような状態になりやすい自分が自我，その姿を心のどこかで第三者的に見つめている自分が自己ということになります。

それでは，「**自分理解**」とは，どういうことでしょうか。まず，自分の能力や性格などの人格特性を自分自身の経験や周囲の人々の評価に基づいて，客観的に把握している自己を意味します。私たちは，友だちから中傷されたり，試験に失敗したりすると悲観的になりますし，ほめられたり，テストの成績がよかったりすると，心が高揚して自信過剰になったりするものです。それを冷静に把握している状態をいいます。

次に，その人格特性（現実的な自己像）に相当する社会生活ができるよう現

実生活との調和を図る状態を意味します。つまりこの段階の自分理解とは，自分の能力や性格を客観的に把握して，日常生活や大学生活との間に調和がとれていると感じている状態にほかなりません。現実的な自己像は，常に定着した状態にとどまることなく，さらに理想的な自己像が設定されて，それに近づくよう努力されます，その結果，レベルの高い理想的な自己像へと変化することになります。このような際限のない繰り返しの過程により，自分理解は深化していきます。

　ロジャース（Rogers, 1951）は，実際に生活を経験している「現実自己」と，こうなりたいと願っている「理想自己」とを区別して，その両者が噛み合った時が適応状態になると述べています。自分理解とは，このような両自己が一致している状態をいうのではないでしょうか。

　両者の自己像がかみ合った，調和が図れるような状態にあると，情緒が安定し，生活意欲や学習意欲が高まり，主体的に活動する傾向が生じます。自分の能力や性格に合致した大学に入っていると満足している学生は，主体的に勉強もするし，クラブ活動にも取り組みます。就職した会社が自分の能力相応であると思っている新入社員は，意気に燃えて会社に貢献しようと努力するものです。

2　自己実現の過程としての自分理解

　自己実現とは，知識や能力を意欲的に開発したり，最大限活用したりして最高の成果を図ろうとする傾向をいいます。マズロー（Maslow, 1962）は，いくつかの欲求を体系的に整理し，5段階に順序づけました。第1段階から順次挙げていくと，生理的欲求，安全欲求，所属・愛情欲求，自尊欲求，自己実現の

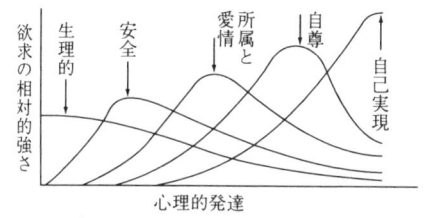

図1.6　マズローの欲求の発達的変化（Maslow, 1942）

欲求となります。さらに，低次の欲求が満足されて高次の欲求は出現するものであり，最終的に自己実現の欲求に到達するといいます。

　第4段階の自尊欲求までは，欠乏欲求であり，常に満足されていないと不安定になります。たとえば，生理的欲求に属する飢餓欲求は，満腹感の状態ではなくなりますが，やがて空腹感を覚え，再び，不安定になります。それに対して**自己実現の欲求**だけは成長動機であり，満足すればするほど，強められて向上しようと努力することに結びつきます。研究に意欲的な学生は，成果が上がるほどさらなる成果を求めて没頭しますし，スポーツに打ち込んでいる学生は，記録がでるほど練習に励むことになります。

　ハヴィガースト（Havighurst, 1953）は，健全な発達を遂げるためには，乳幼児期，児童期，青年期など，それぞれの発達段階で，習得しなければならない**発達課題**があるとし，ある時期の発達段階が失敗すると，その後の発達段階も困難になるとしました。青年期の発達課題は，両親や大人たちから心理的に独立すること，職業について経済的自立を図る準備をすること，結婚や家庭生活が送れる準備をすることに，概略まとめられます。

　両親や大人からの心理的独立は，今まで依存してきた関係を断ち切って自分らしさを形成させ，集団との一体感や社会との関わり合いのなかに自分を位置

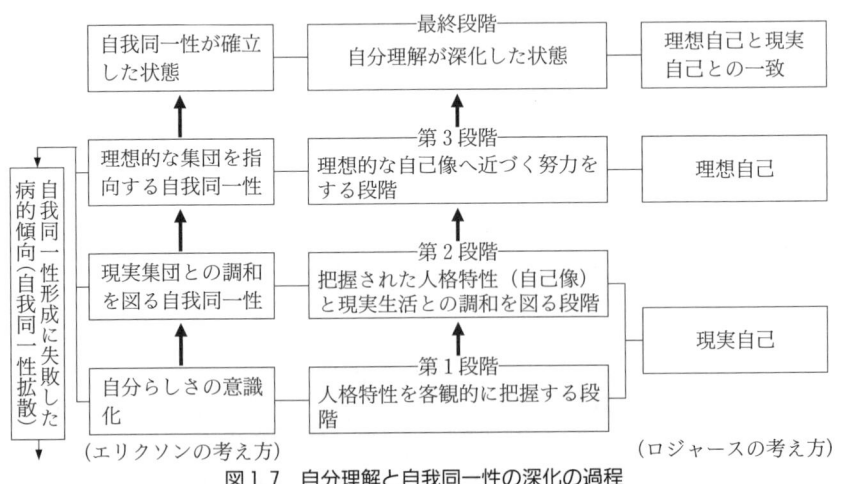

図1.7　自分理解と自我同一性の深化の過程

づける自我同一性を確立することによって達成されます。また，就職は入社する会社へ誇りをもち，一員として貢献したいという社員としての同一性を，結婚は男女が協力し合って築き上げる家庭的な同一性を体得することによって達成されます。

3 自分理解の心理学の意義

　現代青年は，自分理解ができないまま，また，そのような機会が見出せないまま，成長してきたのではないでしょうか。久留（1986）は，自我形成にはその時代の心理・社会的背景が多大な影響を及ぼすと述べています。高学歴であれば，就職に有利で将来の豊かな生活が保証されると信じた親や教師は，小・中・高校では，受験教科の学習を優先させ，成績優秀な者を高く評価しました。志望校選択でも，本人の希望は受け入れず，偏差値相当の学校のみを判断基準にしました。そのため，中・高校の受験に失敗した者は，偏差値を上げるために学習塾に通い，再度，挑戦することになり，学習塾全盛の時代をもたらしました。

　このような価値観が一元化された進学体制の中では，自分の性格や才能などを自己評価し，理解した上で主体的に学校選択をすることは，流れに逆らうので推奨されませんでした。確かに自分自身をしっかり見つめ，熟慮した上で個性的な才能を活かして特別な進路を選択しますと，周囲の猛反対に合い，苦しむことになりかねません。また，偏差値教育では，個人の優劣を競わせることが中心になるため，学習している個人は，烏合の衆の1人であり，集団の一員として一体感をもつ自我同一性は育ちませんでした。

　一方，大学生活は，中・高校時代とは異なり，勉学に打ち込んでもよいし，クラブ活動やボランティア活動に精を出してもよいし，アルバイトに明け暮れてもよい自由な環境におかれます。そのため，一部の学生には，専攻学科やクラブなどへの集団意識が芽生え，所属集団との一体感が強まり，自我同一性も育つことになります。しかし，多くの学生は，中・高校時代の悪影響をひきずり，依然として所属意識が乏しく，集団に参加しないまま，孤立的に生活しているのが実態です。自分の生活は自分の責任において統制することが求められる訳ですから，常軌を逸脱した生活をしたり，無為に過ごしたり，自分勝手に

生活をしてると、その悪い結果は必ず、自分に降りかかってきて後で苦しまなければならないことになります。

大学生活も後半になると、就職問題が待ち受けています。近年、経済不況になり、公的機関や会社では人員削減が進み、求人数が激減してきました。そのため、多くの学生が希望したところに入れないという厳しい現実に立たされています。せっかく身につけた自分理解と主体的な職業選択の態度が今日的な社会情勢の中では試練に立たされることになります。多数の公的機関や会社を受験し、失敗することを繰り返す中で、早々と断念する学生、当初の希望を捨て、無計画に受験するようになる学生、立て直しを図り、ますます意欲的に立ち向かっていく学生などが見受けられます。以上のように、不十分な自分理解は、厳しい社会情勢の下では、容易に通用しなかったり、否定されたりします。そのためには、苦境のもとでも耐えられる、立て直しができる柔軟な自分理解の能力が要求されます。

心理学は、自分理解を図るための情報を提供してくれる学問です。青年期の発達課題を示してくれますし、不適応事態での対処の仕方を教えてくれます。さらに、自分理解の中核ともいうべき能力や性格、職業適性などの評価の仕方も取り扱います。その他、生き甲斐のある将来生活の指針も与えてくれますし、多くの内容が自分理解を図る有用な情報源となります。

心理学を学問として科学的視点から学ぶことも大切ですが、自分の生き方や考え方と結びつけて、自己反省の資料としたり、自己開発のきっかけに役立てたりして自分理解を深める態度で勉強してみることも必要ではないでしょうか。

> Q2：就職試験に失敗した時、どのように自分自身を立て直したらよいか、下記から選択して下さい。
> 1. 何度でも同水準の会社に挑戦する。
> 2. 試験勉強して、同水準の会社に再度、挑戦する。
> 3. 水準を下げて、合格しそうな会社へ志望替えする。
> 4. 就職試験を受けることを断念する。

 # 3 青年期における不適切な自分理解の病的傾向

1 青年期に起こりがちな不適切な自分理解の病的傾向

　青年期では，自我が比較的安定していた児童期と異なり，自我を意識し始め，自己主張が強くなり，親や教師の意見に耳を傾けず，反抗的態度をとるようになります。それは心理的な独立と自我同一性が確立する時代だからです。

　自我同一性とは，エリクソン（Erikson, 1964）によると，心理・社会的存在としての「自分らしさ」の意識をいいます。つまり，人間であるという意識，男性または女性としての自覚，自分がかけがえのない唯一の存在であることの意識，自分らしさは一貫して変わらないという意識などを総称していいます。さらに，所属意識や，連帯意識，一体感意識など，社会的な意識まで含めて用います。青年期は，このような自我同一性を獲得する重要な時期ですが，スムーズに形成されるとは限らず，多様な病理的現象を生じさせることが多くあります。エリクソンは青年期に病理的現象が多発することから，**自我同一性の危機の時代**として特徴づけ，現象そのものを**自我同一性拡散**と呼びました。自分らしさの自覚がなくなり，自分の存在している意味が感じられず，所属意識がもてないために，社会から逃避しようとする，つまり，自己喪失的状態をいいます。思春期不登校，学生の無気力症，モラトリアム人間，ピーターパン症候群，精神病と神経症との中間に位置する対人恐怖症，自己臭恐怖などの境界例，その他，反社会的・非社会的行動などに関連したものが含まれます。

　もう1つ，現代青年は，その特徴として，自我そのものが弱いということが挙げられると思います。幼児期・児童期をきょうだい数が少ない中で，過保護・過干渉に過ごしてきたため，ストレスに耐える力が育たなかったのが主な原因です。前田（1976）は，**「自我の強さ」**は，社会的適応にとり，たいへん重要な条件であるとして，それを規定する要因を挙げています。

- 現実吟味の能力；問題場面を客観的に正確に把握できる能力。
- 欲求不満への耐性；欲求不満から生じる葛藤場面で情緒不安定になることなく，冷静に考え，行動する耐性の能力。

・適切な自我防衛；危機的状況下で有効な適応の方法を見出し，活用できる能力。
・統合性，安定性，柔軟性；危機的状況下でも人格の統合性が保たれ，一貫して安定しており，場に応じた柔軟な対応ができる能力。
・自我同一性の確立；所属集団と一体感をもって，集団に貢献する行動をとろうとする意識。

上のような自我の強さが乏しくなると，自我同一性の形成をむずかしくさせ，病理現象が倍加する原因にもなります。

> Q3：あなたの自我同一性は，育っていますか。以下の2点について，考えてみましょう。
> 1．大学生活への満足度
> 2．自分の社会的役割

2 学習へ無気力になる病的傾向

スチューデント・アパシーとは，学生の無気力状態のことで，青年期後半の男性に多発する傾向があります。昼夜逆転した不規則な生活を送り，授業に出席せず，定期試験を受けなかったりするので，留年したり，単位未修得のため，除籍になったりします。しかし，本分の勉強とは直接関係のない，アルバイトとか，クラブ活動，ボランティア活動，趣味になると，本気で取り組むので，転学希望を出すことになったり，退学して趣味を活かした活動に打ちこむことになったりします。原因は，強い自我が形成されず，自我同一性が不十分なため，わずかなきっかけで自分の本来の目的を見失ったこと，すなわち，自我同一性拡散による自己喪失と考えられます。すべてが完全でないと気がすまない完全主義，几帳面，生真面目な性格の学生に多く，このような学生が，なんらかの原因で，一度，所属大学や専攻学科への魅力を失うと，容易に本分の勉強への意欲を喪失させてしまうことになります。

学生の無気力状態を立て直すためには，強い自我を形成させることが求められ，また，そのような状態に落ち込んでいる学生に対しては，自我同一性を立て直すための心理療法が効を奏します。自分が存在していることの意味，かけがえのない人生の真っ只中にいることに気づかせ，学生であれば，本分の勉強

こそが自分を立て直すために大切であることを自覚させる援助をします。

3 社会人としての自覚がいつまでも形成されない病的傾向

エリクソンは，自己を確立するための猶予期間のことを，経済の専門用語を借りて，**モラトリアム**と名づけ，青年期の心理的特徴を表しました。本来の意味は，支払い猶予，または支払い猶予期間を指し，天災などの非常事態に際して，国家が経済的混乱を招かないため，一時，債務の返済を延期する場合に使用される用語です。つまり，肉体的・性的には，成人の仲間入りができるほど成熟しているのに，社会人としては義務と責任を果たせるだけの能力や自信がなく，猶予されたままでいたいという心的状態をいいます。

日本では，1960年の後半から1970年代にかけて，高度経済成長で好景気に恵まれ，国民の大半が後期中等・高等教育を受けるという教育期間の延長をもたらし，一種のモラトリアム社会を築きました。

1970年後半になると，経済不況の波が押し寄せ，労働人口の削減を引き起こし，失業者を生み，青年にとっては就職できないという過酷な状態になり，モラトリアム社会に拍車を掛ける結果になりました。このような厳しい社会環境は，自己の能力に合致した職業が選択できない実態から，自分理解を困難にさせます。さらに，社会参加への具体的な見通しが立たないので，社会的な自我同一性が確立できません。そのために，一部の青年は社会に貢献する意欲をなくし，社会人になることが臆病になり，いつまでも大学などにとどまって，社会の変化にとらわれず，本来，本人にとってはそれほど好きでもない勉強を何となく続けることになります。そのうち，猶予期間の生活に慣れると，しだいに社会人や職業人としての自我同一性の乏しい性格が形成されることになります。

一例を挙げると，教育学部に入学したある女子学生は，教員採用試験に失敗したこともあって，同大学の修士課程に研究意欲がわかないまま進学しました。ところが研究したいことが十分にできないとの理由から，2年半ばで中退し，他の大学の修士課程に再度入ることを決め，アルバイトをしながら3回挑戦しましたが，徹底して受験勉強をした訳ではないため，失敗に終わりました。聴講生として参加するうちに，同大学にも失望するようになり，アメリカの大学

に志望変更をしましたが、それも途中で挫折し、現在は失業中です。中学校教諭の免許状はもっていますが、今さら、受験する意欲がわきません。修士課程に関係した勉強を5年間はしていますが、すべて中途半端で修了していないので、就職の条件として生かすことができません。彼女は最近になって、実社会にでることをふまえた勉強をしておけばよかったと後悔しています。

　また、モラトリアム状態で生活した青年は、ひとたび社会人となっても、職務を本気で考えず、当事者意識がもてず、責任や義務を回避する傾向があるといわれます。職員としての自覚と誇りをもって、主体的に勤務するといった自我同一性が育っていないからです。

　モラトリアム状態は、今日的な社会現象であり、周囲もそれを是認している雰囲気があります。自分を立て直す絶好の猶予期間であると理解して前向きに取り組むと貴重な時間になりますが、目的意識を持たないで、それに甘えて安易に過ごすことになれば、後々弊害が生じることになりかねません。そのためには、常に将来の社会生活や職業生活を念頭において、たゆまない自分理解の立て直しや、自我同一性を図る努力が望まれます。周囲も安易に妥協することなく、効果的な支援をする態勢が必要です。

推薦図書

- 『心理学　人間行動の科学』　原岡一馬・河合伊六・黒田輝彦（編）　1993　ナカニシヤ出版
- 『講座　心理学　1 歴史と動向』　八木　冕（監）末永俊郎（編）　1971　東京大学出版会

2章 一生は，自分理解と自己実現の過程

　「はえば立て，立てば歩めの親ごころ」といわれます。人間の発達を考える時，そこには「大きく育って欲しい」とか「～ができるようになって欲しい」など，一定方向への前進的変化が期待されています。発達を意味する英語の development のもともとの意味は，「包みをほどいて中身を顕わにする」ことです。人間1人ひとりのもっている潜在的な可能性を，年齢を重ねるにつれて現実のものにしていく，一生涯にわたって繰り返される生成的な変化の過程が人間の発達なのです。この変化の過程にはどのような要因が影響しているのでしょうか。また，私たち1人ひとりの発達のために，今，何をしておくことが必要なのか考えてみましょう。

1　発達とは
2　青年期の発達

 # 発達とは

　人間は、受胎から出生、そして死にいたるまで、一生涯にわたって、たえず変化し続けます。加齢に伴う心身の変化の過程は**発達**と呼ばれます。この変化の中には、身長や体重の増加、語彙量の増加など量的変化と、心身の構造的変化（精密化）や機能的変化（能率化）といった質的変化が含まれます。また、できなかったことができるようになり、上達するというように上昇的に変化する過程もあれば、逆に、老いに伴う衰退、減少など下降的に変化する場合もあります。しかし、人間の発達は、全体として生成的な過程であり、価値志向的意味が含まれています。何が価値であるかは別にして、受胎から死ぬまで、自己のうちに価値の実現をめざして発達し続けているのが人間であるといえます。

　発達と類似した概念に**成長**があります。発達と成長は同義的に用いられる場合もありますが、一般には、身長、体重などの量的増大を成長と呼んでいます。

1　発達の原理

　発達の過程は、1人ひとり異なっているようにみえます。しかし、人間の発達には、時間（時代）や空間（地域）の違いを越えて、種固有の特徴や傾向が認められるのです。これらは「**発達の原理**」と呼ばれます。

●分化と統合の過程

　漠然とした、未分化な機能や組織は、部分的で特殊な機能や組織へ分化しながら、互いに関連し、新しい全体的な体制へと統合されていきます。単細胞である受精卵から始まり、数多くの細胞からなる人間ができあがります。興奮と安静の新生児の時期からやがて不快や快の情動が分化し、喜怒哀楽などさまざまな感情生活をもつようになるのです。

●連続的かつ漸成的過程

　発達は、断続的・突発的な過程ではありません。休むことなく連続して進みます。また、発達の速度が遅く停滞しているかにみえる時期は、次にくる飛躍的な発達の準備をしている時期であるといえます。現在の状態は常に前段階の結果、将来への準備であり、漸成的な過程なのです。

●緩急的変化の過程

発達の速度は一定ではありません。激しく，急速に進む時期もあれば，緩慢な時期もあります。充実期と伸長期の交代のようにリズムがあるのです。変化の急激な時期には，今，発達している機能を好んで使用したくなります。歩き始めた幼児は，そのことに専心熱中します。上手に歩けるようになると，次の領域に移行していきます。

●順序性と方向性のある過程

たとえば，身体・運動機能の発達には，「頭部から足部へ」，「身体の中心部から末端へ」といった方向性がみられます。言語，思考，感情，社会性などの心理的発達においても一定の順序と方向性が認められます。

●個体と環境との相互作用

発達は，個体のもつ先天的な潜在力（遺伝的素質条件）と環境（学習体験的条件）との相互作用によってなされます。かつて，「氏か育ちか」という論争がありましたが，そうではなくて「氏も育ちも」なのです。

●個人差の存在

心身の発達には，個人によって著しい差異があります。順序や方向性は一定であっても，可能性の発現する時期，達成の程度などには個人間に違いが認められます。一般的な発達基準だけにとらわれず，個性に注目する必要があります。

●心身の相互関連性（全一的過程）

身体的発達と心理的発達は相互に関連し合っています。たとえば，歩行能力の発達は，生活空間を拡大し，結果として人や物とふれあう機会が増えます。そのことを通して知識や経験が豊かになりますし，友だちと一緒に遊ぶ機会も増え，社会性の発達を促します。また，友だちと楽しく遊ぶことが，身体や運動能力の発達を促進するのです。

●臨界期の存在

人間の発達において，特定の時期には，環境からの働きかけ（解発因）が大きな効果をもちますが，その時期以外であれば，ほとんど効果がないという現象がみられます。たとえば，ローレンツ（Lorenz, K）の示した「刻印づけ」が成立するのは，生後の一定期間だけであり，その期間を過ぎるとまったく生じ

なくなってしまいます。このように、ある行動の発達を促す解発因に対して感受性が高い時期のことを臨界期（critical period）といいます。エリクソン（Erikson, 1963）は、人間のライフサイクルを8段階に分け、各発達段階における心理・社会的危機を示しています。この危機克服の過程は、各発達段階における臨界期的問題を示していると考えてよいでしょう。

表2.1 心理・社会・性的個体発達の図式 (Erikson, 1963)

発達段階	心理・社会的危機	決定的な対人関係の範囲・領域	心理・性的段階
Ⅰ乳児期	基本的信頼感覚 対 不信感覚	母親（的人物）	口唇期（誕生～1歳半）
Ⅱ幼児期	自律性の感覚 対 恥や疑惑の感覚	両親（的人物）	肛門期（8か月～3, 4歳）
Ⅲ遊戯期	自発性の感覚 対 罪の感覚	基本的家族	男根期（3, 4歳～6, 7歳）
Ⅳ学童期	勤勉性の感覚 対 劣等感	近隣・学校・仲間集団	潜伏期（6, 7歳～12, 13歳）
Ⅴ青年期	同一性の感覚 対 その拡散の感覚	リーダーシップのモデル	思春期（12, 13歳～）
Ⅵ成人初期	親密性の感覚 対 孤独の感覚	友愛・性愛・競争・協同相手	性器愛期（生殖期）
Ⅶ成人期	生産性の感覚 対 停滞の感覚	労働と家事	
Ⅷ円熟期	自己完成の感覚 対 絶望や嫌悪の感覚	人類全体，自分の種族	

2 発達を規定する要因

発達が遺伝によるものか、環境によるものかについては、「氏か育ちか」の問題として、心理学の中でもかなり長期にわたって論争されました。

●遺伝説（成熟優位説）

個体に外部から刺激が与えられたり、働きかけが加えられないのに、時間の経過とともに、機能や能力が自然に備わってくる過程を**成熟**といいます。遺伝的素質が現実化してくる過程です。イギリスの心理学者ゴールトン（Galton, F.）は、法律・政治・文学・科学・芸術・体育などの分野で優秀な能力を発揮している人々の家系を調査しています。100名の優秀な人々の家系で、その父親も優秀であったのが31例、息子が優秀であったのが48例など、一般よりもはるかに高い比率で優秀な能力の持ち主が出現していました。また、音楽家のバッハ（Bach, J. S.）の家系や自然科学者ダーウィン（Darwin, C.）の家系、絵画的才能に関する狩野探幽の家系などは優秀な人材を数多く輩出した家系であり、

いずれも，遺伝説の強力な根拠とみなされました。

　双生児には，遺伝子が等しく，遺伝学的には同一の個体と考えられる1卵性双生児と，遺伝学的にはふつうのきょうだいと同じ程度の違いがあると考えられる2卵性双生児とがあります。この両者を比較研究し，「遺伝と環境」の関係を明らかにする方法を**双生児法**といいます。身長とか知能など心身の特性について，もし，1卵性の対間に差異が認められないか，あってもその差が小さい場合，その特性は，遺伝によって強く規定されているといえます。他方，1卵性の対間の差異と2卵性の対間の差異とが等しい場合，その特性は，遺伝によって規定されているというよりも，環境の影響を強く受けているといえます。この方法によって，パーソナリティ各層に及ぼす遺伝と環境の影響力を検討し，パーソナリティの層理論を唱えたのがゴットシャルト（Gottschaldt, 1942）です。

　同じ双生児法でも，1卵性双生児の一方を統制群とし，他方を実験群として階段のぼりの練習をさせ，一定期間後に両者の階段のぼりのテストをして，練習の効果を検討したのがゲゼルら（Gesell & Thompson, 1941）です。双生児の一方（T）には，生後46週から6週間，毎日階段のぼりの練習を行いました。はじめのうちは援助が必要でしたが，50週からは独力でのぼり始め，52週目には26秒で階段をのぼることができました。Tが練習していた6週間の間，もう一方の子（C）には練習をさせず，53週目から2週間の練習を開始しましたが，急速に上達しました。その後しばらくは両者とも練習をさせず，70週目および79週目に同時にテストを行ったところ，2人の成績にほとんど差はありませんでした。この結果は，練習が効を奏する発達の準備が整う前に練習を行っても無意味であることを示しており，成熟による**準備態勢**（レディネス）の大切さを示しています。

●**環境説**

　一方，発達が，誕生後の環境との交流を通してなされる学習によって規定されると主張した心理学者にワトソン（Watson, J. B.）がいます。彼は，行動主義者として，あらゆる行動の形成を刺激と反応の連合で説明し，環境に働きかけることで，望みどおりの子どもに育て上げることができると豪語しました。また，精神分析の創始者フロイト（Freud, S.）も，乳幼児期の経験全体が，後

のパーソナリティの形成に大きく影響を及ぼすと主張しています。誕生後，5～6歳までの間にその後のパーソナリティの基礎が形成されるというのですから，まさに「三つ子の魂百まで」です。

　確かに，環境の影響の大きさを示す事例はたくさんあります。たとえば，**野生児**です。誕生直後，あるいは歩行ができるようになってから，偶然に，または故意に遺棄され，人間的環境を完全に，あるいはほとんど奪われ，野生生活を送った子どもたちです。18世紀末，パリ郊外のコーヌの森で発見されたアヴェロンの野生児，インドで，狼に育てられたカマラとアマラの事例などがよく知られています。推定12歳の時に発見されたアヴェロンの野生児は，その後，医師イタールによって6年間にわたって教育が行われましたが，同年齢の子どもと同じレベルにまでは達しませんでした。人生の初期に，愛情と信頼に満ちた人間的環境を奪われ，他者との交流の機会をもつことができない場合，心身の発達に遅滞が生じてしまうようです。

　しかし，環境を豊かにさえすれば，子どもの発達が補償されるのかといえばそうでもないようです。アメリカで「偉大なる社会」を実現するために掲げられたプロジェクトの1つに「ヘッドスタート計画」があります。これは，文化的に貧困な状況におかれていることで十分に発達できないでいる子どもたちに，就学前に発達援助をすることによって，学校教育を受けるのに必要なレディネスを身につけさせ，就学時に「頭をそろえて出発」させようという試みです。この時つくられた視聴覚教材の1つに，日本でもおなじみの「セサミ・ストリート」があります。でも，この計画はうまくはいきませんでした。

●相互作用説

　「氏か育ちか」の問題は，今日では「氏も育ちも」として遺伝要因と環境要因とが相互に作用し合って人間の発達を支えていると考えられるようになっています。ただし，環境要因についてジェンセン（Jensen, 1968）は，一定限度以下の劣悪な環境条件は発達を阻害するが，逆に，一定限度以上，環境を豊かにしても本来の素質以上に能力を増大させることはできないとして，環境の影響力にも限界があると説いています。

> Q4：あなたと家族の人々との類似点と相違点を確かめてみましょう。それをつくりだしたものはなんでしょうか。

3 発達段階と発達課題

●発達段階

受胎から死にいたる人間の発達過程は，一定の方向性をもった連続的な変化の過程であり，明確に発達段階を区分することは容易なことではありません。しかし，心身の諸機能の発達には，質的な変化があり，前後の時期と区別される特徴が認められます。これを１つの段階として区切ったのが発達段階です（図2.1）。社会的習慣や身体発達など，どの領域に重点をおくかによっていろいろな発達段階分けができます。

区分	研究者＼年齢(歳) 0〜20	発達段階
社会的習慣による	シュプランガー, E.	児童期／中間期／少年少女期／中間期／(男)成熟期(女)
社会的習慣による	グッドイナフ, F.L.	言語前期／幼児期／幼稚園期／児童期(男)(女)／青年期
社会的習慣による	青木誠四郎	新生児乳児期／幼児期／児童期(男)(女)／青年期
社会的習慣による	現在の学制による	乳児期／幼児期／児童期／青年期（中学校）（高等学校）
身体発達による	コール, L.	乳児期／児童前期／児童中期(男)(女)／上段：児童後期(男)／青年前期(男)／青年中期(男)　下段：児童後期(女)／青年前期(女)／青年中期(女)／青年後期
身体発達による	シュトラッツ, C.H.	第一児童期／第二児童期　乳児期／中性児童期／両性児童期(女)(男)／成熟期　第一充実期／第一伸長期／第二充実期(女)(男)／第二伸長期(女)／第三充実期(男)／第三充実期／成熟期
特定の精神機能による	メイヤー, R.F.（対人関係）	一次的依存の確立／自己看護の確立／意味ある二次的関係の確立／二次的依存の確立／依存と独立のバランスの達成
特定の精神機能による	松本亦太郎（用著運動）	幼児期／児童／青年期
特定の精神機能による	坂本一郎（読書興味）	絵話期／昔話期／童話期／物語期／文学期／思想期
精神構造の変化による	クロー, O.	幼児期／第一反抗期／児童期／第二反抗期／成熟期
精神構造の変化による	牛島義友	身辺生活時代／理想生活時代／知識生活時代／精神生活時代／社会生活時代
精神構造の変化による	武政太郎	乳児期／幼児期／児童期／青年期

図 2.1　発達段階の区分（浅川，1981）

●発達課題

子どもたちが，心身ともに健康で，幸福な生活を送ることができるようなパーソナリティを発達させるためには，それぞれの発達段階において学んでおかなければならない課題があると，ハヴィガースト（Havighurst, 1953）は主張しています（表2.2）。ある発達段階における課題の達成は次の段階における課題の達成を容易にし，逆に，失敗はその後の課題達成を困難にしてしまい，不

幸な生活を余儀なくさせるというのです。その意味では，発達課題の達成は，各発達段階における臨界期的問題であるともいえます。エリクソンの心理・社会的危機もパーソナリティ形成のための発達課題と考えることができます。

表2.2　ハヴィガーストの発達課題　(Havighurst, 1953；荘司，1958)

	発　達　課　題		発　達　課　題
乳・幼児期	・歩行の学習 ・固形食をとることの学習 ・話すことの学習 ・排泄の仕方を学ぶこと ・性の相違を知り，性に対するつつしみを学ぶこと ・生理的安定を得ること ・社会や事物についての単純な概念を形成すること ・両親・きょうだいや他人と情緒的に結びつくこと ・善悪を区別することの学習と良心を発達させること	壮年期	・配偶者を選ぶこと ・結婚相手との生活を学ぶこと ・第一子を家族に加えること ・子どもを育てること ・家庭を管理すること ・職業につくこと ・市民的責任を負うこと ・適した社会集団の選択
児童期	・普通の遊戯に必要な身体的技能の学習 ・成長する生活体としての自己に対する健全な態度を養うこと ・友だちと仲よくすること ・男子としてまたは女子としての社会的役割を学ぶこと ・読み，書き，計算の基礎的技能を発達させること ・日常生活に必要な概念を発達させること ・良心，道徳性，価値判断の尺度を発達させること ・人格の独立性を達成すること ・社会の諸機関や諸集団に対する社会的態度を発達させること	中年期	・大人としての市民的・社会的責任を達成すること ・一定の経済的水準を築き，それを維持すること ・十代の子どもたちが信頼できる幸福な大人になれるよう援助すること ・大人の余暇活動を充実させること ・自分と配偶者とが人間として結びつくこと ・中年期の生理的変化を受け入れ，これに適応すること ・年老いた両親に適応すること
青年期	・同年齢の男女の洗練された新しい交際を学ぶこと ・男性としてまたは女性としての社会的役割を学ぶこと ・自分の身体の構造を理解し，身体を有効に使うこと ・両親や他の大人から情緒的に独立すること ・経済的な独立について自信をもつこと ・職業を選択し準備すること ・結婚と家庭生活の準備をすること ・市民として必要な知識と態度を発達させること ・社会的に責任のある行動を求め，かつなし遂げること ・行動の指針としての価値や論理の体系を学ぶこと	老年期	・肉体的な力と健康の衰えに適応すること ・隠退と収入の減少に適応すること ・配偶者の死に適応すること ・自分と同じ年頃の人々と明るい親密な関係を結ぶこと ・社会的・市民的義務を引き受けること ・肉体的生活を満足に送れるように準備すること

COLUMN ❷

アダルト・チルドレン (adult children)

　本来,「アルコール依存症の親の元で育った人」を意味することばとして1980年代にアメリカで使われた用語です。わが国では,単にアルコール依存症のみならず,ギャンブル,薬物依存,拒食・過食などの嗜癖,ないしこれに準ずる問題をもつ人に育てられ,安全な場所として機能しない,機能不全な家族のなかで育てられ,成長した人のことをいいます。西尾（1998）は,機能不全な家族のパターンとして「愛がなく冷たい」,「子どもを肯定しない」,「親の期待が大きすぎる」,「表面だけよくふるまう」,「秘密や隠しごとがある」,「容姿やからだについて否定的なことをいう」,「親と子どもの関係が逆転している」,「子どもを過度に甘やかす」,「子どもを否定する」,「依存症のメンバーがいた」家族を挙げ,さらに,より深刻な心的外傷（トラウマ）が引き起こされる家族として「虐待の起こっていた家族」を指摘しています。夫婦間,親子間に暴力がある,子どもが身体的,心理的に,あるいは性的に虐待を受け,ネグレクトされている家族です。

　アダルト・チルドレンの特徴として,自分を表現できない,親や大人の顔色ばかり気にする,自分の気持ちを極端に抑制するなどが挙げられます。行動や思考,感情,対人関係などに支障をきたし,生きづらさを感じている人が多いようです。

　機能不全な家族のなかで生き延びるために,子どもたちは巧みな処世術,役割行動を身につけていきます。"イイ子,優等生"として家族の期待に応えようと必死にがんばる子ども,"ひょうきん者"として,まわりを笑わせ,家族の緊張をやわらげようとする子ども,おとなしく,目立たず,"いないふり"をしている子どもなどです。つらい時もがまんし,いつの間にか自分自身を偽ってしまっているのです。

　一方で,最近,自称アダルト・チルドレンの出現が問題となっています。現実には,幼児期のいたずらに対して厳しいしつけがなされただけなのに,それを理由に「自分もアダルト・チルドレンである」と思いこみ,「今の不幸は,すべて親の責任である」と自己正当化を図るのです。いつまでも親離れできない若者の心理を映しだしています。

　自分の気持ちを素直にことばに表すことができる,また,親身になって話を聴いてくれる,信頼できる人がいる,自分のために行動する,安心して失敗できる環境づくりが大切なようです。

2 青年期の発達

　子どもと大人との間にはいろいろな差異が認められます。単に，身長や体重，知識の量などが違うというだけでなく，質的な差異があります。青年期は，児童期と成人期の中間にあって，「子ども」から「大人」へと質的転換を図る過渡期であり，まさに「第2の誕生」の時期といえます。第1の誕生においては，母親や父親が「産みの苦しみと新しい生命の誕生の喜び」を体験しますが，第2の誕生においては，青年1人ひとりが「生まれ変わる苦しみと成長，自己実現の喜び」をかみしめることになります。

　青年期の始まりは，身体の発達，特に，性的成熟が進む思春期であると考えられます。発達の加速現象は，思春期の始まりを早めました。一方，青年期の終期は，青年が，1人の社会人としてその責務を果たし始める時といえます。社会の仕組みが複雑化し，その文化が高度に発展した現在，就学期間は大幅に延長されました。青年期は，前にも後ろにも延長され，長期化してきているといえます。中学生，高校生および大学生の時期が青年期ということになりますが，小学高学年生で，思春期的傾向をすでに示している児童もいる一方で，30歳前後まで自立できないでいる人もいるのです。

1 青年期の特徴

　青年期の心身の発達的特徴について考えてみましょう。

●青春期スパートと第2次性徴

　青年期は，身体の急激な発達によって始まります。まず，身長の急激な発達（第2伸長期）と，それに続く体重の増加（第3充実期）という量の急増がみられます。これを青春期スパートと呼びます。また，ホルモン系の大変動に伴い，性腺の働きが活発になってくると，性的な成熟が急激に進み，**第2次性徴**が現れてきます。女子に著しい第2次性徴は，骨盤の広がり，皮下脂肪の増加，乳房の発達などであり，男子に著しい第2次性徴は肩幅の広がり，喉仏の突出と変声，ひげの発生，筋肉の発達などです。女子の初潮，男子の精通は，第2次性徴の発現と関係の深い，第1次性徴，つまり，陰茎，陰嚢，子宮などの成

熟の指標です。第2次性徴の発現に関連して、性役割（gender-role）行動が問題になりますが、男女共同参画社会にあって、男女がどのように共同し、支え合っていくのか、青年自身が考えていかなければなりません。

●疾風怒濤の時代

身体の急速な発達と知的な発達は、急激に変化する自分自身についての意識を過剰なほどに高めます。将来に対する不安、確固とした自信のなさなどは青年のこころを動揺させます。新しい欲求の発生と1つひとつの欲求の強さ、欲求の充足を阻止する障害の多さは、欲求不満、葛藤、心理的緊張の増大といった体験を増やしてしまいます。快と不快、温かさと冷たさ、社交と孤独、利己と愛他、優越感と劣等感、自尊と自己嫌悪など相対立する感情が交互に出現し、極端から極端へと激しく変動するのもこの時期の特徴です。こころの中を嵐が吹き荒れているような激しい感情生活を体験するこの時期は**疾風怒濤の時代**と呼ばれます。

●周辺人

青年期は、子どもの世界から大人の世界へと、所属集団を変更していく移行期です。今までは許されてきた子どもっぽい行動が禁止され、大人として行動することが求められます。他方、大人の権利を主張しようとすると、「子どものくせに」とそれは認められません。子どもの権利も大人の権利も認められず、義務については両方の義務が課せられてしまいます。「子どもでもないし、大人でもない」という、2つの所属集団の重なり合った領域に位置し、社会的立場が非常に不安定になってしまいます。このような**周辺人的性格**を青年期はもっているのです。

●心理的離乳の時期

生理的早産と呼ばれるように、未熟な状態で生まれてくる乳児は、周囲の大人に支えられ、保護されて初めて健やかに育つことができます。その意味では「依存的な存在」と考えることができます。しかし、大人になれば、自分のことは自分で考え、実行する、「自主的、自律的存在」であることが求められます。ホリングワース（Hollingworth, 1928）は、乳児期における流動食から固形食へのスムーズな移行がその後の身体発達に大きく影響することになぞらえ、パーソナリティの発達に大きな影響力をもつ、親からの自立の過程を**心理的離**

乳と呼んでいます。1人の独立した人間として、1人ひとりの青年が、新しい社会の中で個性豊かに生きていくためには「子どもの親離れ」と「親の子離れ」が不可欠です。

●自我の確立（自我の発見）

青年前期における心身の急激な変化は、自分自身の身体的・外見的な特徴への関心を高めます。ボディ・イメージが自己イメージそのものとなって、おしゃれへの関心を高め、容姿に対する悩みを抱き、他人の視線を気にし始めます。やがて、青年は自分の内面に目を向けはじめます。「自分はいったい何者なのだろうか」、「自分のもち味は何だろう」と考えます。幼児期に芽生えた行動の主体としての「私（主我）」から、客観的な対象としての「私（我）」が分化発達してくるのです。生物学上の人間の学名「ホモ・サピエンス」は、「自分自身を知る存在」という意味だそうです。自分が自分を知り、自分の生き方を考え、決定し、自分の目標の実現を目指して生きいきと生きようとするのです。

●現代青年の特徴

上記の端的な青年期の心身の特徴に加え、近年、新しい世代の青年と旧世代の青年の比較がよくなされます。井上（1971）は、現代の若者の特質として「感覚性」、「遊戯性」、「流動性」の3つを挙げました。「読む―考える」よりも「見る―感じる」を、「まじめさ」よりも「遊び」を大切に思うというのです。流動性については、旅行をしたり、ドライブを楽しむという空間的移動が激しいという意味と、確固とした信念をもたず、考え方がネコの目のようにくるくるとかわるという意味で使われています。その他にも、「五無主義（無気力、無関心、無感動、無責任、無作法）」とか、「新人類（旧世代は、「化石」と呼ばれました。）」、「モラトリアム人間」などが青年を語ることばとして使用されました。青年の行動や意識は、なかなか大人には理解されません。若者文化は、やはり、成人文化とはなじまない、対抗文化なのでしょうか。

2 青年期の反抗

人と人との関係の中で、下位の立場にある者が、上位の者に対して服従することを拒否する行動を反抗といいます。人間の発達の過程においても、反抗が著しく強く現れる時期があります。まず、運動能力が発達し、自我の芽生えて

きた幼児期であり、親の保護や制止を振り切り、自分で何でもやってしまおうとし、自分のわがままを通そうとする自己主張の時期で、「第1反抗期」と呼ばれます。

　青年期にも反抗が顕著になります。自分に対して支配的で、何かにつけて干渉してくる親や教師に対して、自己主張として反抗するのです。他律から自律への転換を図ろうとしているのです。青年自身が主体的に生きようとし、権威を振りかざしてくる者に「ノー！」と叫んでいるのですが、大人扱いされないいらだちから虚勢を張る場合もあります。喫煙、飲酒など大人のシンボル的な行動を好むのは、背伸びをしているのです。青年後期になると、大人の社会にある現実の嫌らしさ、汚さに義憤を感じ、反抗する場合もあります。青年自身の理想や完全さを求める傾向の現れです。

　これまで愛着をいだき、依存してきた親や教師に対する反抗は、青年自身に自我の発達を促し、個性の伸長につながります。しかし、反面、その過程においては、強い孤独感に悩まされることにもなります。そして孤独感を癒してくれる他者を求めるようになります。それは、ヒーローやヒロインに対する憧れとして、あるいは、仲間との人格的なふれあいとして、同年輩の異性に対する恋愛感情として現れてきます。大人の文化に対抗して若者文化を創り上げる力にもなります。

　近年、反抗する青年が少なくなったといわれます。自律するよりも、大人に依存している方が楽なのでしょうか。無気力、無感動、無関心、無責任、無作法の五無主義、あるいは、親・子、教師・生徒、公・私、男・女、昼・夜などの差異が小さくなり、ボーダーレス化が進行した結果なのでしょうか。

　自我同一性の確立をめざす青年は、心理・社会的モラトリアムの状態にあります。1人の社会人として責任ある行動がとれるようになるまでは、責務の遂行が猶予される、文字通り支払猶予期間なのです。でも、いつまでもその状態を続けていくわけにはいきません。自己を見つめ、自己を主張していく中で、社会的責任の果たせる社会人へと成長していくことが求められているのです。

3 青年期の発達課題

●精神的自立

　青年から成人へと移行していく時大切なことは，心理的離乳を達成し，独立した1人の人間として自分自身の力で生きていくことといえるでしょう。そのためには，自分が自分自身をよく理解し，間違いなくこれが自分なのだという確信をもつことで，エリクソンのいう自我同一性を確立することです。自分の行動，自分の将来について自分で考え，自分で決めることのできる，まさに「自由な人間」になることといえます。青年期の反抗は，親から独立するための戦いであったといえるでしょう。

●就職への準備

　親離れし，精神的に自立する基礎は，経済的に自立することです。自分自身の手で生計を維持していく必要があります。しかし，職業に就くということは，単に生計を維持するというだけでなく，職業生活を通して社会に貢献する，社会的責任をとるという意味もあります。職業について，初めて大人として社会的に承認されることになります。1人ひとりの個人についてみると，それは生き方の選択であるといえます。自分の個性を十分に発揮して，充実した気分で働くことができることが必要です。それは自己実現の過程でもあるのです。

> Q5：小学生の頃，あなたはどのような職業に憧れていましたか。現在のあなたの希望職種と比較してみましょう。

　最近は，家業を継ぐというよりは，高校や大学を卒業した後，給与生活者として企業や公共の機関などに勤務する者が大半を占めています。就職を希望する業種や企業を，青年は，何を目安にして選定しているのでしょうか。宮沢（1998）は，その基準として「仕事志向」，「生活安定志向」，「生活エンジョイ志向」の3つを挙げています。

　「仕事志向」は，自己の能力や適性についての理解をもとにして，仕事内容，才能発揮の可能性などを重視するものです。「生活安定志向」は，企業などの知名度，規模，安定性や将来性などを重視し，生活の安定を保証しうると思われる職業を選択します。また「生活エンジョイ志向」は，残業の多さ，勤務時間，休日・休暇の多さ，給料などの労働条件を重視します。仕事よりも自分の私生

活を大切にしようというのです。あなたは，何を目安に職業を選択するのでしょうか。

●結婚への準備

　思春期を迎え，性的に成熟するにつれて，青年の多くは，異性に対する関心を強め，特定の異性に対して恋愛感情を抱くようになります。外見的な魅力に惹かれ，交際を続けていくうちに両者の恋愛関係が進展，深化していく場合もあれば，逆に，「ふり，ふられ」て解消していく場合もあります。進展，深化した場合，それがすぐに結婚に結びついていくかといえば，そうでもないようです。恋愛は，双方の意思の確認と愛情によって成立しますが，結婚となると，さらに準備しなければならないものがあります。

> Q6：あなたは，結婚するとすれば，どのような人がらの人が「好ましい」と思いますか。また，あなたは，結婚相手のためにどのような人間になりたいと考えますか。

　結婚というのは，1人の男性と1人の女性が愛情の交流を通して親密になり，夫婦になることです。そこには社会的に承認された性的関係と，一定の権利と義務を伴った，全人格的な関係があります。家庭をつくり，子どもをつくり，次の世代を育てます。家族としてお互いを支え合い，安定をもたらす責任が双方に必要です。

　全国の18歳以上35歳未満の未婚男女を対象とした調査（国立社会保障・人口問題研究所，1997）によれば，男性の85.9％，女性の89.1％が「いずれ結婚するつもり」と回答しています。晩婚化や未婚化の進行が最近話題になっていますが，結婚に対する意識は依然として強いといえます。年間約78万組の結婚があり，平均初婚年齢は男性28.5歳，女性26.4歳です。

　結婚相手に求める条件として，独身男性の82.9％，女性の92.2％が「相手の人柄」を重視しています。また，男女ともに「自分の仕事に対する理解と協力」「家事，育児に対する相手の役割」を重視しています。相手の「職業」や「経済力」を女性が重視するのに対して，これらの項目を重視する男性はわずかです。同じ調査で，独身にとどまっている理由を尋ねたところ，25～34歳の独身者では，「適当な相手にめぐり会えない」「自由や気楽さを失いたくない」「必要性を感じない」が上位を占めています。

2章 一生は，自分理解と自己実現の過程

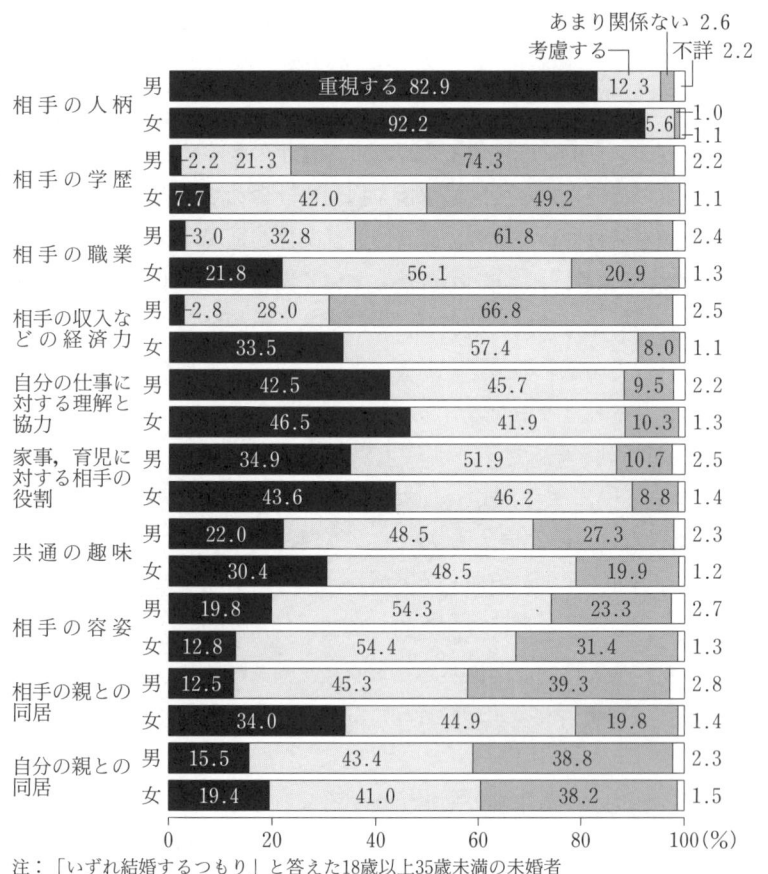

図2.2 結婚相手選択において重視・考慮する条件（国立社会保障・人口問題研究所，1997）

注：「いずれ結婚するつもり」と答えた18歳以上35歳未満の未婚者

凡例：重視する／考慮する／あまり関係ない／不詳

条件	性別	重視する	考慮する	あまり関係ない	不詳
相手の人柄	男	82.9	12.3	2.6	2.2
相手の人柄	女	92.2	5.6	1.0	1.1
相手の学歴	男	2.2	21.3	74.3	2.2
相手の学歴	女	7.7	42.0	49.2	1.1
相手の職業	男	3.0	32.8	61.8	2.4
相手の職業	女	21.8	56.1	20.9	1.3
相手の収入などの経済力	男	2.8	28.0	66.8	2.5
相手の収入などの経済力	女	33.5	57.4	8.0	1.1
自分の仕事に対する理解と協力	男	42.5	45.7	9.5	2.2
自分の仕事に対する理解と協力	女	46.5	41.9	10.3	1.3
家事，育児に対する相手の役割	男	34.9	51.9	10.7	2.5
家事，育児に対する相手の役割	女	43.6	46.2	8.8	1.4
共通の趣味	男	22.0	48.5	27.3	2.3
共通の趣味	女	30.4	48.5	19.9	1.2
相手の容姿	男	19.8	54.3	23.3	2.7
相手の容姿	女	12.8	54.4	31.4	1.3
相手の親との同居	男	12.5	45.3	39.3	2.8
相手の親との同居	女	34.0	44.9	19.8	1.4
自分の親との同居	男	15.5	43.4	38.8	2.3
自分の親との同居	女	19.4	41.0	38.2	1.5

　結婚をしても，共働きを続け，子どもをつくらない夫婦（DINKS；Double Income No Kids），「男は外で仕事，女はうちの中で家事」という性別役割分業観の見直し，親との同居や「家」の問題，夫婦間の暴力・虐待問題，年間20万組をこえる離婚など結婚に関して考えさせられる問題がたくさんあります。結婚に必要な条件について仲間で話し合ってみましょう。

推薦図書

- 『子どもの発達心理学』 高橋道子・藤崎眞知代・仲真紀子・野田幸江 1993 新曜社
- 『青年の心理』 丹野眞智俊（編） 1987 北大路書房
- 『発達心理学要論』 平井誠也（編） 1997 北大路書房
- 『発達心理学入門Ⅰ，Ⅱ』 無藤 隆・高橋恵子・田島信元（編） 1990 東京大学出版会

3章 環境を知る

　たとえば，あなたと同じアルバイトをしている友人はしっかり者だと評判ですが，あなたはそそっかしい性格だと思われているとします。性格のこの違いはどこから生まれて来るのでしょう。もし，文字や数字をきちんと見てケアレス・ミスをしないかどうかが原因だとしたら，身のまわりの環境を正しくとらえているかどうかが性格の違いを決定していることにならないでしょうか。もちろん，しっかり者だからミスが少なく，そそっかしいからミスが多いということも考えられますので，原因と結果の関係を一概には決められません。しかし，環境のとらえ方とこころの間になんらかの関係があることがこの例からわかりますね。環境を知るしくみという視点から，自分や他者のこころや行動を考えてみましょう。

1 知覚・認知とは
2 知覚・認知と脳

1 知覚・認知とは

　知覚や認知はふだんは聞き慣れないことばですが，自動車教習所などで使用される教科書でよく使われていますので，憶えている人もいるでしょう。たとえば，「運転者が疲れている時は，危険を認知して判断するまでに時間がかかるので，空走距離は長くなる」などです。外界の環境や自分自身の状態を知ることを，心理学では**知覚**または**認知**といい，視覚や聴覚，味覚などの**感覚**から主に生じます。感覚には他に，嗅覚や皮膚感覚，運動感覚，平衡感覚，内臓感覚があります。そして，たとえばリンゴを見た時に，「赤いもの，丸いもの，甘酸っぱいにおいがするもの」というように感覚に近いものとしてとらえることを知覚と呼び，「果物，おいしいもの，青森特産のもの」というように知識や経験などによって意味づけてとらえることを認知と呼び分けます。しかし，知覚と認知の違いはそれほど厳密なものではありませんので，知覚よりもいくぶん複雑なプロセスが認知であると理解しておいてください。

　ところで，高校では知覚・認知のもととなる感覚器や神経系のことは，生物の授業で教わったのに，なぜ心理学がそれらを研究対象としているのでしょうか。答はいくつかあるのですが，最も大切な答は，知覚・認知が個人の経験や欲求，態度，パーソナリティといった「こころ」の影響を受けるからです。そして，「こころ」をさらに広くとらえるならば，感覚や知覚，認知そのものもこころの働きなのです。

　したがって，人間の感覚や知覚，認知の働きを知ることは，自分や他者のこころや行動を理解する上でたいへん大切な鍵となるのです。本章では主に視覚的な知覚・認知を紹介しながら，知覚・認知に関する基本的な事柄やこころとの関連を考えていきます。

1 知覚・認知の意味

　先ほど，知覚・認知とは外界の環境や自分自身の状態を知ることであると定義しましたが，「知ること」を「解釈すること」と置き換えることもできます。「解釈」とは，「文章や物事の意味を，受け取り手の側から理解すること」（広

辞苑，1991）です。つまり，知覚・認知とは内外の環境がもっているなんらかの意味や情報を読み取る能動的な行為であり，対象がありのままの形で受動的に取り入れられるのではないということです。性格検査の1つであるロールシャッハ・テストで用いられる検査図版は，紙の上にインクを適当に落とし，紙を半分に折った後に開いてできた図です。したがって，何かを描こうと特に意図して作られた絵ではありません。しかし患者は，この部分はネコに見える，この部分は雲に見えるなどと図から意味や情報を読み取り，カウンセラーはそこから患者の性格を読み取る，つまり，解釈したものを解釈するわけです。

　知覚・認知における解釈を示す別の例を**図3.1**に示しました。図に描かれているものは互い違いに組み合わされた横向きの平行線だけですが，図の中央に逆S字形の曲線が見えませんか（実際に黒い線として見えるわけではありませんが）。このように，知覚されるが実際には存在しない線を**主観的輪郭**といいます。名前からもわかるように，平行線の端点を連続したものと主観的に解釈した結果，曲線が見えるのです。

図3.1　主観的輪郭

　人間の眼の構造をカメラの構造に例えることがよくありますが，上の例で考えてみると，このたとえは半分当たっているが半分間違っているといえます。確かに，人間の眼にはカメラのレンズに対応する「水晶体」，絞りに対応する「虹彩」，フィルムに対応する「網膜」があり，カメラの構造によく似ています。しかし，魚眼レンズや赤外線フィルムなどの特殊な器材を使った場合は別ですが，カメラは存在するものを正確に写し出す（見る）だけであり，図の主観的輪郭のように，存在しないものを写し出すことはありません。一方，人間の眼は環境から意味や情報を能動的に抽出することによって，つまり解釈することによって，存在しないものでさえも時には見ているのです。

　存在しないものでさえ知覚される場合があるのですから，実際に存在するものの大きさや形，長さ，色，明るさなどが正しく知覚されないこともあります。そうした現象を**錯覚**といい，人間の知覚の特性を顕著に表すものとして，心理学はもちろんのこと神経生理学などでも研究されていますし，芸術や建築の分野でも錯覚が利用されています。**図3.2**には，視覚における錯覚（**錯視**）をは

っきりと観察できる図形を示しました。a図・b図の横線は平行ですし，c図の斜線も平行ですが，そのようには見えません。d図では正方形が描かれていますが，歪んで見えます。

　主観的輪郭や錯視図形の例から，「人間の知覚とはいかに当てにならなくて間違っているものか」と人間の知覚能力に疑いをもった人もいるかもしれませんが，心配しないでください。これらの図形では，実際の対象と知覚された対象のズレが極端に大きく現れますが，ほとんどの場合，人間は外界の対象をほぼ正しくとらえているのです。また，知覚・認知の誤りといっても，ほとんどすべての人間につきものの誤りであり，その誤りこそ

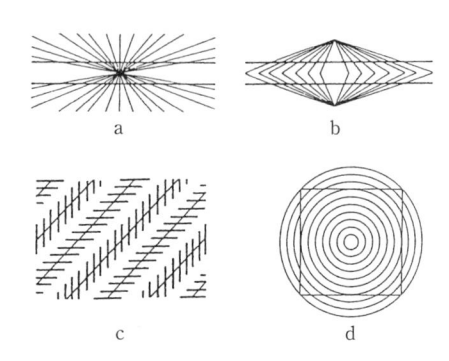

図 3.2　代表的な錯視図形

が知覚の基本的特徴で根本的原理ですので，誤りと呼ぶべきではないのかもしれません。つまり，錯視は知覚・認知の特性を端的に示しており，知覚・認知に関して認識しておかなければならない重要な3つの事柄を教えてくれます。

　1つ目は，繰り返しになりますが，解釈という能動的な働きが関わることによって対象の知覚・認知が成立していることです。2つ目は，その能動的な働きを担っているのは脳であるということです。再びカメラの構造と眼の構造を比較すると，カメラはそれ自体で完結しているのに対して，人間の眼はさらに視神経を介して脳とつながっている点がカメラとは異なっています。そして，その異なっている点，つまり脳が存在しているからこそ人間に特有の知覚・認知が成立するのです。したがって，なんらかの原因によって脳の働きに障害を受けた場合には，知覚・認知に悪影響が現れることがあります（本章の2節を参照）。

　3つ目は，対象と知覚・認知の間にズレが生じるのが避けられないとすれば，環境を正しく知覚・認知することが求められる場合には，人間の知覚・認知の特性に合わせて環境を構築する必要があるということです。たとえば，電話機がたくさんあるオフィスを想像してみてください。音がどこで鳴っているかを

知覚すること（**音源定位**）については，人間の聴覚はあまり鋭敏ではありませんので，呼び出し音だけではどの電話機に電話がかかってきたのか認識しにくいでしょう。したがって，多機能の電話機では呼び出し音とともにランプを点滅させることによって，誤った知覚が生じないように設計されています。

このような人間工学的な配慮は，知覚・認知の誤りが絶対に許されない状況，たとえば，原子力発電所の作業所や航空機の操縦室などでは特に重要になります。また，これからの高齢化社会に向けて，知覚・認知能力の低下した高齢者であっても能力低下による不都合を被らず，安心して生活できる知覚的環境，たとえば，高齢者にも見えやすい交通標識や鉄道路線図，聞こえやすい駅放送などを構築する必要があります。

2 知覚・認知の特性

知覚・認知の基本的な意味は環境の能動的な解釈であるということを踏まえた上で，知覚・認知の基本的な特性として，奥行きの知覚・認知，知覚・認知と運動，そして知覚・認知と注意（column ❹）を紹介します。

●奥行きの知覚・認知—2次元情報を3次元情報へ解釈する—

視覚的環境を知る上で，眼球に映っている2次元（平面）情報から3次元（立体）情報を読み取ること（**立体視**）は非常に重要です。例によってカメラの構造と眼の構造の違いを指摘すると，カメラの眼は1つしかないのに対して，人間には眼が2つある点が挙げられます。眼が2つ備わっていること，さらに脳が存在することによって，奥行き方向の知覚・認知が正確になるのです。

とはいっても，立体視は1つの眼でも可能です。たとえば，水墨画では近景は濃く，遠景は淡く描かれていますが，この墨の濃淡から私たちは奥行き感を読み取り，その感じ方は片眼をつむって単眼で見ても変わりません。

しかし，墨の濃淡による奥行き感の描出は水墨画における1つの約束事ですので，その約束事を知らない，知識がない場合には奥行き感を読み取れません。また，単眼では生きいきとした奥行き感が生じませんし，街を歩くと階段を踏み外したり，グラスをつかもうと手を伸ばしても手を引っかけてグラスを倒したりといった失敗をします。この生きいきとした奥行き感を生じさせているものが，2つの眼が数cmの距離を置いて離れているために生じる見えのズレな

COLUMN ③ 情報通信機器の氾濫と刺激欠乏環境

　「個人電話時代」という新語が生まれるほどに，現代は携帯電話・PHSが広く普及しています。また，一昔前まではオフィスや研究機関に1台しかなかったファックスやコンピュータが家庭にまで進出しました。外出先でも，小型のモバイル・コンピュータとPHSの組み合わせでインターネットに接続できます。このように情報通信機器が氾濫している原因としては，その必要性や利便性，価格の低下などが挙げられますが，通話料の安い公衆電話でもたいていの用件がこなせますからこれらだけでは説明できないようです。ここでは他の要因を，知覚・認知の側面から考えてみましょう。

　感覚刺激を人工的に少なくした実験環境（**刺激欠乏環境**）では，人間の行動にはっきりとした変化が現れます。光や音などの感覚刺激をできるだけなくした密室で1人だけで過ごさせると，1日目には哲学的思考や空想にふけり，2日目には空想の内容に過去の出来事が多く含まれるようになり，そのうちに空想すら頭に浮かんで来なくなります。また，不安感やいらいら感が強くなり，被害妄想も生じます。3日目になると，一部の被験者では幻覚を体験し，動きはほとんどなくなり，抑うつや無気力な状態に陥ることがあります（杉本，1983）。この実験は，思考や感情，意識などの高次の精神活動には，感覚刺激とそれに伴う知覚・認知活動が必要不可欠であることを示しています。

　もちろん現実の環境には溢れるほどに感覚刺激が存在していますから，実験的な刺激欠乏環境とはまったく異なります。しかし，毎日同じ風景を見ながら通学し，同じ教室で過ごし，同じように帰宅するといった単調な生活は，環境の変化という点からみると一種の刺激欠乏環境ともいえ，その影響が行動に現れる可能性は十分にあります。実際，筆者の研究室には窓がなく，刺激が少ないので，それに慣れるまでは抑うつ状態になったり，外界へ開かれた窓の代わりとしてインターネットに夢中になったりしました。こうした単調な日常生活に，新たな刺激としてポケット・ベルが出現しました。しかし，それにも慣れて刺激としての意味がなくなった時に，人々は次の新しい刺激として携帯電話を持ち，現在はインターネットの世界へと向かっています。情報通信機器の氾濫は，感覚刺激の欠乏による知覚・認知活動の低下や，それに伴う行動への悪影響を防ぐための連鎖反応としてもとらえることができます。

のです。鼻から10 cmほど前に人差し指を立てて、これを右眼だけで見ると左にずれ、左眼だけで見ると右にずれて見えるでしょう。

図3.3は、ステレオグラムと呼ばれるもので、ある対象を見た時に左眼ではどう見えるか、右眼ではどう見えるかを推定して描かれたものです。左上と右上、左下と右下はそれぞれ同じようですが、左右方向に少しずれています。この本と顔の間を20 cmぐらい離し、図の左側は左眼で見て、右側は右眼で見てください。最初はむずかしいと思いますが、遠くの景色を眺めるような感じ、うつろな目で眺めるような感じ、あるいは虚空を見つめるような感じで見るのがこつです。うまくいけば、左眼の見えと右眼の見えが融合して、上下段それぞれに奥行き感のある図が見えるはずです。上段には、白い壁に空いた丸い窓越しに3つの黒い円盤の端がのぞいている図が見え、下段には、1つの大きな黒い円盤が後ろにあって、その上をY字型の白い帯が覆っているように見えませんか（首尾よく見えると感動を覚えると思います）。当然のことながら、単眼で図を見ても奥行きは知覚されませんので、両眼の間の見えのズレが立体視に有効であることがステレオグラムの観察によってわかります。

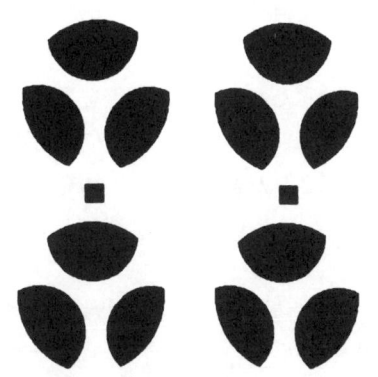

図3.3　ステレオグラム (Nakayama et al., 1989)

人間はステレオグラムの左右の図を融合させて、簡単に奥行きを見ることができます。融合させることがむずかしい人もいたと思いますが、ステレオスコープという特別な器材を使えば、誰でも奥行きが見えます。しかし、2つのカメラ（両眼）にコンピュータ（脳）を接続してステレオグラムの立体視をさせようとすると、いくらコンピュータが高性能であってもかなりむずかしい作業

になります。したがって，複雑な実際の環境を立体視させることはさらにむずかしくなりますし，奥行き情報だけでなくその他のさまざまな情報も含めて環境をトータルに素早く知覚・認知することは，今のところコンピュータには不可能といってよいでしょう。私たちの脳は，見えのズレの大きさや過去経験による知識を総動員して，対象のもつ意味や情報（この場合は奥行き）を解釈し，環境を瞬時に知覚・認知しているのです。

●知覚・認知と運動—動きを通して解釈する—

　日常生活においては，人間の身体は常に動いています。したがって，外界の対象を知覚・認知する上で，身体の動きがどのように関わっているのかを考える必要があります。自らの身体を動かし，環境に対して能動的に働きかけることによって，環境のもつ意味や情報を正しく解釈できます。そもそも，動きがないと知覚が成立しない場合さえあるのです。

　たとえば，今あなたは衣服を着ていると思いますが，もし体を動かさずにじっとしていれば，衣服が体に触れている感じはほとんど知覚されません。気温や湿度などの条件が同じだとすれば，裸の状態とあまり変わりないのではないでしょうか。しかし，あなた自身が動くとか，風が吹いて衣服が揺れるとかすれば，衣服の存在をすぐに知覚できるでしょう。また，視覚においても同じような現象があります。実は私たちの眼は，一点を見つめている場合でさえ細かいブレ（固視微動）を続けているのです。そこで，特殊な装置を使ってこのブレをなくすと，対象が呈示された瞬間は正しく知覚されますが，数秒後には対象の一部しか知覚されなかったり，全体が消滅したりします（Pritchard, 1961）。

> **Q7**：指を動かして点字を読むのではなく，指の下を点字が動いてくれたらさぞかし楽だろうと思われますが，実際はどうなのでしょうか。

　運動することによって，通常用いられる感覚とは異なる感覚を通して，対象の特徴を知覚することもできます。たとえば物の長さや大きさは視覚によって知覚されるのがふつうですが，その物を持って振ることによってもある程度知覚することができます。野球選手がバットを，テニス選手がラケットを選ぶ時にはそのようにして自分に合ったものを選んでおり，しかも目で選ぶよりもぴったりの物を選ぶことが可能です。また，視覚障害者は周囲の環境を見ること

はできませんが，足音を立てたり白杖を地面に当てたりした時に生じる，障害物からの反射音によって環境を認知しています。

　さて，真っ暗闇の中であなたの正面に小さな明かりがあり，あなたは片眼をつむっているとします。次の3つの状況―(1)正面を見つめた状態で明かりが左右に動いている場合，(2)明かりは動かずに自分の意思で眼球を左右に動かした場合，(3)明かりは動かずに目尻を指で押さえて眼球を左右に動かす場合―を想像してください。これら3つの状況のいずれでも，眼球には基本的に同じ光景，つまり左右に動く明かりが映っています。しかし，(1)と(3)では明かりが動いて知覚される一方，(2)では明かりの動きは知覚されません。この例は，対象の運動の知覚は単に眼球に映っている光景だけで決まるのではなく，身体が運動しているかどうかという情報も加味して判断されていることを示しています。さらに，身体の運動が自らの意思でなされているかどうかということも，対象の知覚に影響していることがわかります。

Q8：ブレて映っているビデオ画像を見続けると，なぜ気分が悪くなるのでしょうか。

2　知覚・認知と脳

　環境の情報を眼や耳などの感覚器によって取り入れた後，それらの情報を統合して解釈を行うのが脳です。脳は知覚・認知だけでなく，思考，感情，欲求，パーソナリティなど人間のこころの源であるとともに，筋肉や臓器の制御も行います。ここでは，脳の構造と機能や，脳が傷つくことによって知覚・認知にどのような影響が現れるのかについて紹介します。そして，脳の損傷からわかる知覚・認知の特性についても説明します。いくぶんむずかしい用語が出てきますが，知覚・認知を考える上で脳は切っても切れない存在ですので少し努力してください。脳の働きが最も詳しく理解されているのが知覚・認知の分野ですが，将来的には感情やパーソナリティといった領域も脳との関連で語られるはずです。

COLUMN ❹

携帯電話と知覚・認知

　1999年11月1日より，自動車や自動二輪車，原動機付自転車の運転走行中に携帯電話を使用することが禁止され，携帯電話の使用によって道路交通の危険を生じさせた場合には反則金や減点が科せられることになりました。これは携帯電話の使用による交通事故が増加したからですが，事故の原因は何でしょうか。

　知覚・認知も含めて人間の行動（情報処理活動）を，対象に対する**注意**や意識の集中が必要かどうかという観点から，**自動的処理**と**制御的処理**に分けることができます。歩く時に，「まず右足をこれぐらい上げて前に出し，着地したら左足を蹴り上げて，これと並行して両手を振り…」などと，一挙手一投足に注意を集中して歩いている人はいないでしょう。この例のように，注意を必要とせずに行われる情報処理を自動的処理といい，比較的単純な行動や，複雑ではあっても熟練した行動が含まれます。一方，読書や会話などのように，対象を正確に認知するために，注意の集中を必要とする複雑な情報処理を制御的処理といいます。人間が注意を集中できる範囲は限られており，1つの対象に注意を集中するとそれを正確に認知できますが，その他の対象はほとんど認知されず意識に上りません。これを**カクテル・パーティ現象**といいます。また，多くの対象に注意を分散すると，それらの対象はある程度までは認知されますが正確さでは劣ります。授業中，先生の話にあまり注意を向けずにいたら，話の内容が理解できていなくて困ったことはありませんか。

　携帯電話の使用中の事故で最も多い原因は，受信時や送信時のボタン押し操作による脇見です。これは前方を見ていないので論外ですが，前方を見ている通話中にも多くの事故が起きています。運転には周囲の状況の知覚・認知と，状況に応じた適切な判断・運動という，制御的処理が必要です。そこに電話の相手との会話という制御的処理がさらに加わった結果，前方を見て運転しているにもかかわらず注意が分散し，知覚・認知がおろそかになって事故が生じるのです。通話中の状況は，正確には「眼は前方を向いているが見てはいない」状態といえるでしょう。まさに「前方不注意」ということばがぴったりです。対象を正確に知覚・認知するには，その対象に意図的に注意を向けることが欠かせないのです。

1 脳の構造と機能

人間の脳は頭蓋骨の中にあり，さらに外側から順に硬膜，クモ膜および軟膜によって包まれています。よく知られている「クモ膜下出血」という病気は，クモ膜と軟膜の間にある血管が破れて出血するものです。頭蓋骨とこれら3種の膜を取り外すと，図3.4のような脳が現れます。図には描かれていませんが，図の左側に眼球がありますので，右側が後頭部になります。一口に脳といっても，大きく分けると大脳，小脳，間脳および脳幹という4つの部分から構成されています。最も大きい部分が大脳，図では太いひだが重なり合っている部分で，知覚・認知からパーソナリティまでこころの源はほとんどここにあります。大脳を上から見ると，一直線の溝（大脳縦裂）によって左右に分かれており，それぞれを左半球および右半球と呼びます。各半球は，**前頭葉，頭頂葉，後頭葉**および**側頭葉**の4つの領域から構成されています。後頭葉の下にある部分が小脳で，運動の制御を行っています。大脳の中心部の下に柱のように見えている部分が脳幹で，間脳は脳幹の上部にあります。脳幹と間脳は，主に呼吸や摂食，睡眠などの生命維持機能や内臓機能，感覚系を司っています。

脳の各部は心身のさまざまな機能を分担して受けもっており（**脳機能の局在**），どの部位も同じ重みをもって，つまり脳全体として諸機能を司っているの

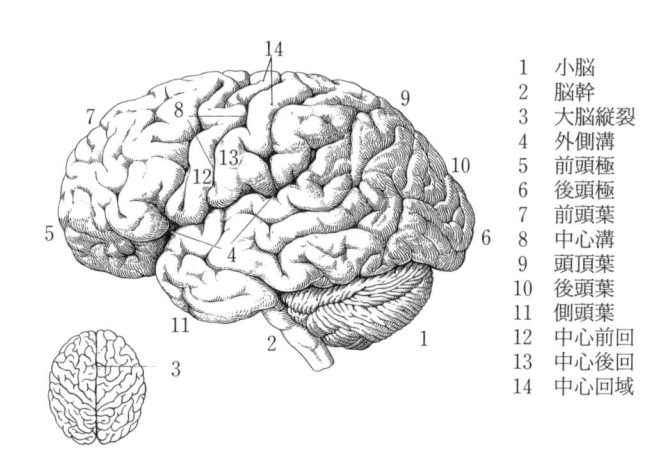

1　小脳
2　脳幹
3　大脳縦裂
4　外側溝
5　前頭極
6　後頭極
7　前頭葉
8　中心溝
9　頭頂葉
10　後頭葉
11　側頭葉
12　中心前回
13　中心後回
14　中心回域

図3.4　左側と上から見た脳の構造 (Kahle, 1979)

ではありません。したがって，たとえば小脳が壊れた場合，運動の制御は障害を受けますが，その他の心身の機能は基本的には障害を受けません（身体がうまく動かなくなった結果，気持ちが落ちこむなどというのはまた別の話です）。

　機能の局在は，大脳を構成している前頭葉，頭頂葉，後頭葉および側頭葉についてもあてはまります。両眼の網膜に映った光景は，視神経を通り後頭葉に到達しますので，後頭葉は視覚を担当しています。また，両耳の鼓膜を振動させた音は聴神経を通り側頭葉に到達しますので，側頭葉は聴覚を担当しています。しかし，視覚や聴覚は後頭葉や側頭葉だけで処理されているのではなく，大脳の各領域間にも神経によるつながりがありますので，他の領域も関わりをもっています（表3.1）。また，前頭葉の中でもこの部分はこの機能というように，1つの領域の中でも機能がより細かく局在化されています。

表3.1　大脳の各領域がもつ主な機能

領域	主な機能
前頭葉	運動，言語，記憶，問題解決，パーソナリティ
頭頂葉	皮膚感覚，運動感覚，空間認知，視覚，運動，言語
後頭葉	視覚
側頭葉	聴覚，言語，記憶，視覚

　Q9：両眼を出発した視神経は，頭の中のどのあたりを通って後頭葉へ到達するか，調べてみましょう。

2　脳損傷による知覚・認知の障害

　日本人の死亡率の第1位は癌，第2位は心臓疾患で，第3位が脳血管疾患となっています（1998年）。ちなみに，1970年代までは脳血管疾患が第1位でした。脳血管疾患は一般的には脳卒中と呼ばれ，脳血管からの出血（脳出血，クモ膜下出血）や血管の詰まり（脳梗塞）などによって起こる病気です。いずれの場合でも，血液が流れなくなった脳領域の組織は壊れてしまいます。また，脳はたいへん柔らかい臓器ですので，交通事故などによって頭部に強い衝撃を受けた場合にも，脳組織が壊れる可能性があります。（ですからバイクに乗る時は，貧弱なキャップ型ではなく，格好悪くてもフルフェイス型のヘルメットを着用しましょう）。これらの原因によって脳が傷つくことを**脳損傷**といいます。不幸にも脳損傷が起こってしまった場合，開頭手術や投薬という外科的・内科的治療が行われますが，損傷の起こった領域や損傷の程度によっては，後遺症

としてさまざまな心身の機能に障害が残ることがあります。

 後遺症としては，四肢の麻痺やそれに伴う歩行障害などの運動障害や，ぼーっとしている，気分が変わりやすい，意欲が湧かない，外からの働きかけや自分の障害に対して無関心であるなどの精神活動の全般的な低下がしばしばみられます。また，以下に紹介するように，知覚・認知の面に障害が残ることもあります。

●**感覚障害**

 眼球から後頭葉へ向かう視神経が切れたり，後頭葉そのものが損傷すると視力が失われたり，視野の一部が欠ける（視野欠損）ことがあります。それは基板の配線やICが壊れるとコンピュータが動作しないことと同じです。同様に，鼓膜から側頭葉へ向かう聴神経が切れたり，側頭葉が損傷すると，聴力が低下したり，音の聞こえ方に変化が生じることがあります。また，頭頂葉や視床（間脳にある組織）が損傷すると，触覚や痛覚，温度感覚などの皮膚感覚や運動感覚が消えたり，低下します。これらの症状を**感覚障害**といいます。

●**失　　認**

 上記のような感覚の障害が見つからないにもかかわらず，外界の対象や自分の身体を知覚・認知できない状態を**失認**といい，たとえば，次のような患者が報告されています（Rubens & Benson, 1971）。ある男性の脳損傷患者は，対象を手で触ればその対象が何であるかを認知できました。しかし，視力に問題はないにもかかわらず，対象を目で見て認知することはできず，聴診器を見せて何であるかを質問すると，「丸いものが先についた長いひも」と答えました。この症状は**物体失認**といい，患者は対象を形として視覚的にとらえることはできても，その対象がもつ意味を知ることができていないようです。このことから知覚・認知が正しく成立するには，対象の特徴を丸い，長いなどのような感覚としてとらえる段階，それらの特徴を1つのものに束ねて「丸いものが先についた長いひも」のようにとらえる段階，そして束ねられたものをすでに貯えられている意味や知識とつなげて「聴診器」のようにとらえる段階の3つが必要であることがわかります。

 物体失認は稀にしか起こりませんが，それよりも比較的生じやすい失認として，**半側視空間無視**があります。これは，主に右半球の損傷によって生じやす

く，左側の視空間を無視してしまうので，左側にある対象が見えなくなる症状です。この症状をもつ患者は左側から近寄った人物に気づきませんし，左側の壁によくぶつかったり，食事の際に左側半分の食べ物を残したりします。また，図形の模写をさせると左側半分を描き残します（図3.5）。では，左側の視野が欠損しているのか（左側を見ようと思っても見えないのか），というとそうではなく，左側から声をかけるなど，患者の注意が左側に向くような手がかりを示すと左側の対象を知覚できるのです。このことは，対象を正確に知覚・認知するには，その方向への注意が必要不可欠であることを示しています（column ❹ 参照）。

図3.5　半側視空間無視の患者による模写（左がモデル，右が模写：山鳥，1985）

●失　語

　ことばを聴いたり，話す，読む，書くための感覚器官や運動器官は正常であるにもかかわらず，これらの能力が障害されている症状を**失語**といいます。右手利きの人では左半球の損傷で生じ，右半球の損傷ではほとんど生じません。一方，左手利きの場合には，左半球損傷とともに右半球損傷によっても，左半球損傷のおよそ半分の確率で失語となります。これらのことから，言語は主に左半球によって司られていることがわかります。失語は失認に比べてよくみられる症状です。

　言語機能は，他者のことばの理解と自分の考えの表出という2つに分けられます。そして理解と表出のためには，流暢さ（ことばをスムーズに話せるか），構音（ことばをはっきりと話せるか），呼称（物の名前をいえるか），読字（字が読めるか），書字（字が書けるか）といったさまざまな働きが必要となります。失語ではこれらの働きがすべて障害されることはあまりなく，いくつかの働きは障害されるがその他の働きは健常なまま保たれるという現れ方がほとん

どです。そしてそれらの障害の組み合わせによって，失語はさまざまなタイプに分けられます。次の例は，**ブローカ失語**と診断された患者の応答です。

 検査者 「病気はどんなふうに始まりましたか？」
 患者 「あのー…コボデ…てがフデレて…」（カナ部分は音がはっきりしていないことを示す）
 検査者が，四こま漫画のストーリーを説明するように求めたところ，
 患者 「これー…あのー…うー…あのー…つえで…これはつえー，これはつえー，これはーあのー…たいふーが…あのーおもにー…かかって…いるーね…これはー…たいふーにあってー…あのーこれは…」（…部分は発話が滞っていることを示す）
 と答えましたが，発話が滞るため，これだけの発話に約2分かかりました（岩田，1996）。

この応答から，ブローカ失語では検査者の問いかけを理解することはある程度可能ですが，発話はまったく流暢ではなく，構音にも障害があることがわかります。次の例は，別のタイプの失語で，**ウェルニッケ失語**の患者の応答です。

 検査者が，「眼鏡をはずしてください」と書いた紙を示したところ，
 患者 「めのとを　はずして　かい　ひ　すめ　めのはいす　あのー，なんてんですか　さいどかな」
 次に検査者が，「タヌキは卵を産みますか？」と書いた紙を示すと，
 患者 「さぬ　さぬきは　あいだを　たまを　みむまみも　たぬみは　たまを　みまみすみお」
 と文の音読を試みるだけで，質問の内容に答えようとはしませんでした（岩田，1996）。

このように，ウェルニッケ失語では発話は流暢ですが，語音の誤りが多いことから全体的に意味不明で，さらに言語の理解に障害があります。これらの特徴はブローカ失語とは対照的です。ブローカ失語は左半球前頭葉の後下部の損

傷で起こり，ウェルニッケ失語は左半球側頭葉の後上部の損傷で起こります。このことから，言語能力はいくつかの脳領域の協調によって支えられていることがわかります。

●**その他の障害**

筋力や反射運動などの基本的な運動能力は障害されていないにもかかわらず，目的をもった動作ができない症状を**失行**といいます。たとえば，衣服を上下や左右，表裏にひっくり返して戸惑いを見せ，衣服を正しく着られない症状（**着衣失行**）が現れます。また，お茶をいれる際などに必要な一連の動作を正しいやり方や順序で行うことができず（**観念失行**），やかんに水を注がずにコンロのガスを点けたり，急須ではなく湯飲みに茶葉を入れたりします。その他の障害には，記憶の障害（**健忘**）や計算能力の障害（**失算**），**知能低下**などがあります。

この節で紹介した，脳損傷に伴う知覚・認知の障害や精神活動の全般的な低下は，**高次脳機能障害**と呼ばれます。高次脳機能障害は，麻痺や四肢欠損などによる身体障害とは異なり「見えない障害」なので，周囲の人が症状を正しく理解してくれない場合が多いようです。そうした場合に患者は，能力低下による有能感の喪失や引きこもり，社会復帰への焦りや不安感などを抱きます。また，脳という身体器官の障害にもかかわらず，現在の制度では身体障害者に対する医療・福祉サービスの対象から外れることが多いので，生活上の不利益を被ります。今後は，高次脳機能障害に有効な治療・リハビリテーションの開発を進めるとともに，患者の症状を正しく理解して接することや，社会復帰を援助すること，患者のニーズを満たせるように医療・福祉制度を改善・充実することが求められます。

推薦図書

- 『脳―心のプラットホーム―』　半田智久　1994　新曜社
- 『Q＆Aでわかる脳と視覚―人間からロボットまで―』　乾　敏郎　1993　サイエンス社
- 『視覚の冒険―イリュージョンから認知科学へ―』　下條信輔　1995　産業図書
- 『心から脳をみる』　利島　保　1987　福村出版

4章 自己実現への学習

　本章では，自分が自分らしく生きていくための学習の過程や，学習に向けてのやる気について学び，自分自身を知り，その特性をふまえながらそれを自己実現に結びつけていくための学習のあり方について述べていきます。まず，人間がさまざまなことを学習し身につけていく過程として，従来，心理学の枠組みの中でその学習が成立する条件としてどのように考えられてきたのか，その基本的枠組みを基礎的な心理学実験とともに紹介し，私たちの学習した結果としての行動の形成過程について学びます。また，その行動を起こすための「やる気」には，どのような種類や働きや順序性があるのかを身近な体験を踏まえながら考えていきます。そうして，自分の人生の重要な節目節目で必要に応じて学習でき，自らの仕事や生き方を選択し，自己実現をはかっていく学習とはどのようにあるべきかについて理解を深めていきます。

1　学習とは
2　動機づけとは
3　自己実現への学習

1 学習とは

　20世紀の初めにアメリカの心理学者ワトソン（Watson, J. B.）により提唱された行動主義心理学においては、「学習」を「経験による比較的永続的な行動の変化」と定義しています。私たちが日常使う「学習」ということばからは、学校での勉強や本を読んだり講座を聞いたりして新しい知識を習得することをイメージすることが多いと思います。しかし、上の定義をふまえると、「学習」にはもっと広い意味が含まれていると考えられるのではないでしょうか。知識の獲得ばかりではなく、食事の仕方・衣服の着脱の仕方、スポーツの技術・運転技術の獲得、人との上手な関わり方など、学習の対象は日常生活、特殊な技術、対人関係といったさまざまな領域にわたります。上記の定義の中の『経験』については、それが上手くピアノを弾けるようになりたいという意図的な経験の場合もあれば、眼鏡をかけたお医者さんに注射をされた子どもが、その後眼鏡をかけている人を見ると怖がってしまうようになったという意図的ではない経験による学習の場合もあります。また、『行動の変化』については、何度も練習してやっと自転車に乗れるようになったという肯定的な変化ばかりでなく、子どもがうまく親をだます方法を身につけていくといった肯定的ではない変化も含まれています。このように考えると、「学習」とは人が生まれてから今までに身につけた行動すべてをさし、かなり広い意味で用いられていることがわかります。では、このような学習の基礎的な過程とは何でしょうか。どのような経験がどのような過程を経て行動の変化をもたらすと考えられてきたのでしょうか。行動主義心理学においては、この過程を特定の刺激に対して特定の反応が生じるという条件づけの過程として考えられています。ここでは、古典的条件づけとオペラント条件づけという2つのタイプの条件づけから、その基本的原理を概説します。

1 古典的条件づけ

　古典的条件づけについて初めて体系的に研究を行ったのはロシアの生理学者パヴロフ（Pavlov, I. P.）です。パヴロフは犬が実際に餌を与えられなくても食

器を見ただけで唾液を分泌することに注目しました。餌を与えられれば唾液が分泌されるというのは，どんな犬にも起こる生得的な反応です。これを**無条件反応**といい，この反応を引き起こす刺激（この場合は餌）を**無条件刺激**といいます。しかし，犬は食器を見て唾液の分泌という反応を起こしたのです。食器はもともと唾液の分泌という生得的反応とは関係のない刺激です。これを**条件刺激**といいます。どのような過程で［食器→唾液］という条件づけが成立したのでしょうか。この過程を研究するために，パヴロフは条件づけの実験を行いました。

そのために，犬用の実験装置を用いて，まず，犬にとって唾液の分泌とは本来関係のないメトロノームの音を聞かせ唾液の分泌量を測りました。メトロノームの音は唾液の分泌とは本来関係のない刺激（条件刺激）です。したがって，犬は音のする方向に頭を向けることはあっても，唾液の分泌はみられません。しかし音（条件刺激）のあとに餌（無条件刺激）を提示することを何度も繰り返し行っていくと，餌を与えられる前に音がしただけで唾液を分泌するようになってきました。つまり，［音→唾液］という条件づけが成立したのです。この過程を図で示すと**図4.1**のようになります。このように，条件刺激と無条件刺激をともに提示することにより，条件刺激が新しい反応を引き起こすようになる現象を古典的条件づけといいます。古典的条件づけは**レスポンデント条件づけ**ともいわれています。

条件づけ前：
メトロノームの音〈条件刺激〉 ──→ 頭を向ける〈条件反応〉
えさ〈無条件刺激〉 ──→ 唾液分泌〈無条件反応〉

条件づけ中：
共に指示 { メトロノームの音 ──→ 頭を向ける
えさ ──→ 唾液分泌

条件づけ後：
メトロノームの音 ──→ 唾液分泌

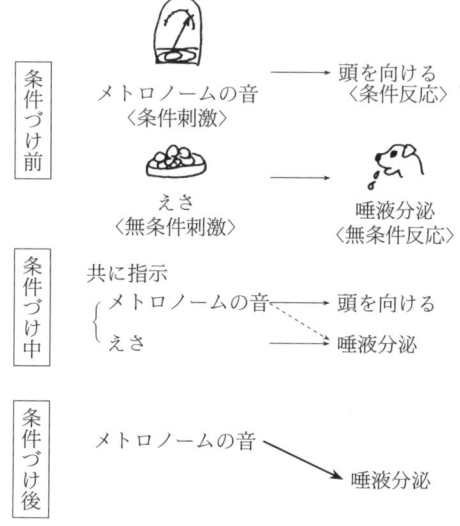

図4.1 古典的条件づけの過程

古典的条件づけによって，恐怖のような情動も条件づけられると考えられています。ネズミに音や光（条件刺激）を電気ショック（無条件刺激）とともに繰り返し提示すると，ネズミは音や光を提示しただけで恐怖の情動反応を引き起こすようになります。また，有名なワトソンらの嫌悪条件づけの研究では，

ネズミは怖がらないが大きな音には怖がる赤ちゃんに，ネズミ（条件刺激）を触るたびに大きな音（無条件刺激）を繰り返し聞かせた結果，ネズミを見ただけで泣きだすようになったということが示されています。したがって，このような古典的条件づけによって恐怖や不安などの情動反応が形成されるとすると，逆に条件づけによって情動反応を低減することも考えられます。

このような古典的条件づけの応用技法として，恐怖症など問題行動の治療に有効であると考えられている方法が**系統的脱感作療法**です。これは恐怖を引き起こす刺激と，恐怖を低減させるようなリラクセーション反応を起こす刺激とをともに提示することによって，恐怖を起こす刺激に対してリラクセーション反応を条件づけようとするものです。たとえば高所恐怖の場合，恐怖を引き起こすような場面を想像しながら，同時にリラックスすることを学習し，その結果高所恐怖を引き起こす場面にあってもリラクセーションできるようになるということです。

> Q10：あなたは見たり思い浮かべただけでも嫌悪感が起きてくるような食べ物や場所などがありますか。なぜ，そんなに嫌いになったのでしょうか。

2 オペラント条件づけ

「おすわり！」という飼い主の声かけによって犬がさっと座り，「よくできたねー」とほめながら犬に餌を差し出す，といった光景をよく目にします。これは，声かけに応じて座れば餌をもらえるという経験の積み重ねによって，この行動を学習したと考えられます。この「座る」という行動は，古典的条件づけの生得的反応とは異なり自発的な行動です。このように，自発的な行動が，その行動の引き起こす結果によって変化していく基礎的過程を**オペラント条件づけ**といいます。

オペラント条件づけの研究の起源はソーンダイク（Thorndike, E. L.）の実験（1911）から始まります。彼は**道具的条件づけ**という用語を用いて研究しました。ソーンダイクは，留め金のついた箱に空腹のネコを入れ，ネコがこの箱から脱出するために留め金をはずすことをどのように学習するかについて観察しました。ネコは箱の外に出ようといろいろな行動をしていましたが，そのうち

偶然留め金をはずし外に出て餌を手に入れることができました。これを繰り返していると，試行錯誤の行動はなくなり，すぐに留め金をはずして箱から出て餌を手に入れることができるようになりました。この「留め金をはずす」という行動は初めは偶然起こした行動でしたが，その行動が「餌をもらえる」という望ましい結果を引き起こしたために，留め金をはずす行動が強められたというわけです。

　またオペラント条件づけという用語を初めて用いたスキナー（Skinner, B. F., 1938）はスキナー箱（図4.2）と呼ばれる装置で体系的な研究を行いました。この箱は，押すと餌が出てくるようなレバーのついた箱で，この箱に空腹のネズミを入れ，ネズミがそのレバーを押すことをどのように学習するかについて観察しました。ネズミは動き回っているうち

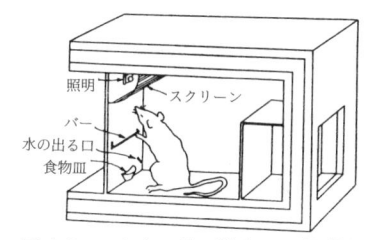

図4.2　スキナー箱（Skinner, B. F.）

に偶然レバーを押し，餌を手に入れることができました。これを繰り返していると，レバーを押す頻度が増えてきました。この「レバーを押す」という行動は初めは偶然起こした行動でしたが，その行動が「餌が出てくる」という望ましい結果を引き起こしたために，レバーを押す行動が強められたのです。

　このようにある行動に引き続いて望ましい報酬（**正の強化子**）が与えられると，その行動の起きてくる確率は高くなってきます。逆に，ある行動に引き続いて望ましくない結果（**負の強化子**）が与えられると，その行動の起きてくる確率は低くなっていくでしょう。報酬や罰を与えることによって人の行動を変えようとすることは，いたるところでみられます。たとえば，幼稚園児が作品を作った時に花まるのハンコ（正の強化子）を押して，また次の作品作りを頑張らせようとしたり，ある店で買い物をするたびにポイントを与え，たまったポイントに応じて商品券（正の強化子）を配ることによって，その店で買い物することを促したり，大切なものをかじってしまった犬にはお尻をたたいて（負の強化子）二度とかじることのないようにしたりすることなどがこの例として挙げられます。強化子を計画的に与えたり，逆に取り除いたりすることによって行動を変化させようとする方法は，教育や心理臨床の場面で応用されていま

す。

> Q11：あなたはアルバイトをする時，どのような条件の違いによって，働きぶりが変化してきますか。

2 動機づけとは

なんらかの行動を起こすための欲求，これは一般には「やる気」といわれているもので，心理学では行動を起こさせその行動を方向づけ行動を維持する働きを**動機づけ**と呼んでいます。子どもが学校に行くという行動を取り上げてみると，この行動を起こすための動機づけとしてどのようなことが考えられるでしょうか。友だちと会いたいから，先生が好きだからなどといった対人関係における動機づけがあります。また，行かないと親に叱られるから，テストで高い点をとるとご褒美がもらえるからなど，外から与えられる結果が動機づけになっている場合もあれば，勉強して新しい知識を学ぶこと自体が楽しいから，毎日登校して頑張っている自分に満足したいからなど，自分のうちからわいてくる動機づけもあります。このように「学校へ行く」という行動は同じでも誘因となる動機づけはさまざまです。多くの動機づけが複雑にからみ合って，私たちは行動に至っているわけです。私たちが行動を起こすための動機づけにどのようなものがあるのか，みてみましょう。

1 1次的欲求と2次的欲求

動機づけは行動の種類によって1次的欲求と2次的欲求に分けることができます。

● **1次の欲求**

私たちの体には生理的に平衡状態を維持する機能が備わっています。この過程はホメオスタシスと呼ばれています。たとえば体温を一定に保つために暑い時には汗を出して熱を発散します。しかしこのような体の内部の調整でうまく平衡状態が保てなくなった時には，暑くなったら服を薄着にするなどのなんらかの行動を起こします。また，お腹が空くと食べ物を食べるとか，喉が渇くと水を飲むなどの行動もホメオスタシスを維持するため生理的必要性から生じた

行動です。このような，飢え・渇き・休息・睡眠などの欲求を生理的な欲求といいます。また，電気ショックが与えられればそれを避けるような行動をするなど，苦痛に結びつく外的刺激による行動もホメオスタシス性の欲求から生じた行動です。これは安全から逃れる，安全を求める，生命や生活の安定といった安全の欲求です。これら生理的欲求と安全の欲求を**1次的欲求**といいます。

● **2次的欲求**

この1次的欲求が満たされていたとしても私たちはいろいろな行動を起こします。たとえば，上で述べた学校に行くという行動はホメオスタシス性の不均衡や生理的欲求に基づいて起こるのではありません。登校する理由の例で挙げたように，学校に行くこと自体が目的であったり，友だちと会うのが楽しみだからというような社会生活に関連した場合もあります。その欲求によって起こされる行動自体がその欲求の目標になっていたり，個人が所属している社会や集団のなかで自分の気持が充たされることが，その行動を起こす動機となっているわけです。このような内発的欲求や社会的欲求を**2次的欲求**といいます。

2 内発的動機づけと外発的動機づけ

絵を描くことを趣味としている人に「誰かに誉めてもらうわけでも，報酬がもらえるわけでもないのに，どうしてそんなに熱心に描くのですか？」と聞くと「だって絵を描くこと自体が楽しいから」という答えが返ってきたり，また，大学の授業で，単位がもらえるから授業に出るのではなく，講義の内容がおもしろいから授業に出るといったことがあります。これらは報酬を得たり罰から逃れたりするための手段として，絵を描いたり授業に出ているのではありません。絵を描くこと自体，また講義を受けて新しい知識を得ること自体を満たすことを目的とした欲求に基づいています。このように，賞罰によって学習された行動ではなく，それ自体を目的として生じた欲求を**内発的動機づけ**といいます。

では，この内発的動機づけにはどのようなものがあるのでしょうか。第1には**知的好奇心**が挙げられます。自分が知らないことやめずらしいことに興味をもったり（拡散的好奇心），興味をもっていることを深く探求しようとする（特殊的好奇心）ことです。この知的好奇心が人間に生得的に備わっていることを

示したのは，ファンツ（Fantz, 1966）です。彼は新生児と乳児にいろいろなパターンの図形（図4.3）を見せてその注視時間を測りました。その結果，顔への注視時間が最も多いこと，複雑な図形をより長く注視することが明らかにされました。つまり単純な図形よりも，より知的好奇心が動かされる図形の方へ興味を示したということ

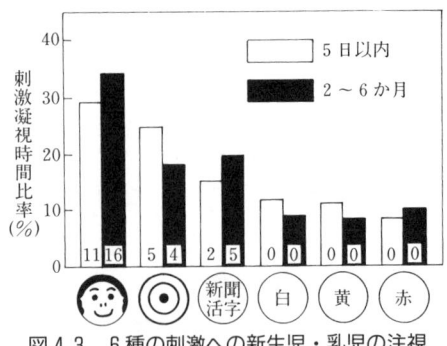

図4.3 6種の刺激への新生児・乳児の注視 (Fantz, 1966)

とです。内発的動機づけの原型は知的好奇心にあるということができます。それに加えて，知識を求めたり，ものごとの原因・理由を知りたい・わかりたいといった理解欲求や，自分自身の有能さを追求しようとする向上心もあります。

教育の領域において，発見学習や仮説実験授業はこの知的好奇心を利用した授業方法として知られています。新しい事実や知識を自らが発見していく喜びや，仮説を相互に検討し実験によって自らが結論を出していく楽しみによって内発的動機づけを高めていくことができ，この授業方法の効果は多くの教育実践で確認されています。

以上の内発的動機づけに対し，なんらかの他の欲求を満たすための手段としてある行動をとろうとする欲求は，**外発的動機づけ**といいます。先の例でいうと，講義それ自体に興味があるので授業に出席するのではなく，単位取得のために出席するという行動です。内発的動機づけにせよ，外発的動機づけにせよ，「授業にでる」という行動は同じです。しかしながら，教育の場では，学習者の内発的動機づけを高めるということ，つまり学習することそれ自体のおもしろさを感じ楽しんで学ぶことがよく強調されています。これはどうしてなのでしょうか。外発的動機づけとはどのような違いがみられるのでしょうか。

『好きこそものの上手なれ』ということばに示されるように，そのこと自体が好きで楽しんでやれば，当然苦にならずに集中もでき，学習を深めたり，技能の上達のためにいろいろな工夫を積極的に自らが行うことが予想されます。その結果として，詳しい知識や高い技術が身についていくというわけです。いわ

ゆる"おたく"と呼ばれる人たちの知識や技術の上達ぶりの速さには目をみはるものがあるでしょう。また，外発的動機づけによる学習は，報酬や罰が与えられなくなると学習しなくなるという可能性があります。お小遣いをもらうために勉強していた子どもは，お小遣いという報酬がもらえなくなったら勉強をしなくなったり，大学に合格することを目的として受験勉強をしてきた学生が，大学に入学してから学習しようとしないのもこの例にあてはまるでしょう。さらに，自発的に行っている活動に報酬を伴わせることによって，内発的な動機づけが低くなることも一連の研究で示されています。これは，自発的であったその活動が，報酬を得るための手段となってしまい，外発的動機づけによる活動となってしまったからだといえます。逆に，罰を与えている状況ではどうでしょうか。失敗したことによって，非難をうけたり望ましくないことをさせられたりすると，失敗を避けたいという消極的な態度になってしまう可能性があります。自分の意思でやっていることが自覚できず，失敗を避けるだけの必要最小限の学習だけをやるようになっては，学習の成果や持続は期待できないでしょう。

3 自己実現への欲求

2項で述べてきた欲求は主に知識の学習に関する内発的動機づけでした。これは1項で述べた2次的欲求のうち内発的欲求にあたり，個人の中で起きてくるものです。では，もう1つの2次的欲求として挙げた社会的欲求とは具体的にどのようなものでしょうか。人は1人で生きていく存在ではなく，家族・学校・職場・地域など常に社会的な存在として位置づいています。自己実現とは，社会的な生活の中で自己の価値観に基づいて自分らしさを最大限に発揮していくことであり，社会的欲求は自己実現のための大きな動機づけとなります。組織心理学の領域では，社会生活の中で仲間に存在を認められ，仲よく行動をともにしたいという欲求（**親和動機**）と，目標に向かって何かを成し遂げたいという欲求（**達成動機**）に注目しました。親和動機は「ホーソン実験」と呼ばれる労働効率を測定した実験（1924〜1932）によって強調されました。この実験では，監督者との折り合いがよいことや仲間どうしの人間関係がよいこと，さらに楽しんで仕事をしていることが，労働効率を上げていたという結果でした。

つまり，生産力を高めるためには照明条件や休憩時間の取り方などの物理的な条件や労働条件よりも，職場の人間関係が重要であることを明らかにしたのです。このことを学校でのグループ学習にあてはめて考えてみましょう。仲のよい友だちや好きな先生と一緒に組んで行うような場合には，その仲間と一緒に活動をしていること自体が楽しいのですから，学習にも意欲的に取り組むようになり，その結果学習の成果が上がってくるのです。逆に考えると，学校での人間関係がうまくいかないような場合には，学校に行くという動機づけはかなり低くなります。このように考えると，人間関係を基礎とする親和動機が，人間の行動を起こす動機づけとして大切であることがわかってきます。

Q 12：あなたが学校生活やサークル活動が楽しいと思うことのできる背景にはどのようなことがありますか。

　もう1つ，社会的欲求の中で精力的に研究されてきたものが達成動機です。マレー（Murray, 1764）は達成動機を「むずかしいことを成し遂げること，自然物・人間・思想に精通しそれらを処理し組織化すること，これらをできるだけ速やかに独力でやること，障害をのりこえて高い標準に達すること，自己を超克すること，他人と競争し他人をしのぐこと，才能をうまく使って高めること」と定義しています。この達成動機を測定するためにマレーはTAT法を参考にして，図版を見せて(1)絵の中の人物は何を考え何を行っているか，(2)その事件の前には何が起こったか，(3)その事件はどうなるであろうか，の内容を含む物語を作成するよう求める手続きを用いました。被験者によって作成された物語が(1)自分にすぐれた基準を課し，それを達成したいという願望，(2)ユニークなことがらを達成しようとする記述，(3)長期にわたって達成しようとする抱負の表明，の内容があれば，そこに，達成欲求が表れていると判定したのです。

　達成行動はどのような状況において高まるのでしょうか。もともと達成動機の高い人は一般には優れた学習成績を示します。しかし，課題があまりにむずかしい場合や，誰とも競争することがない場合，達成すること自体にあまり意味がないような場合は，実際には必ずしも高い学習活動は期待できません。達成動機は性格特性であるとも考えられていますが，どのように育成されるのでしょうか。達成動機の高いやる気にあふれた人がいる一方で，逆にまったくやる気の感じられない人もいます。また同じ個人の中でも場面によってやる気の

図4.4 TAT図（日本版）（戸川，1953）

ある時とない時との開きがみられることもあります。やる気をもって学習に取り組むことはたいへん重要ですが，どのようにすれば高い達成動機をもつことができるのでしょうか。このような点から，アトキンソンら（Atkinson et al., 1956, 1956）は達成行動の強さを示す理論モデルを示しました。このモデルによると，達成動機の高い人は中程度のリスクを含む課題を好むことが示されています。また，達成動機は達成行動の失敗やその失敗に伴ういろいろな悪い結果をおそれて避けようとする動機より強い時に起きるといっています。マックレーランド（McCleland, 1958）は，5歳児に距離を自由に選ばせて輪投げをさせたところ，達成動機の高い子どもの多くが，失敗と成功の確率が五分五分である中程度の距離を選んだことから，このアトキンソンのモデルが妥当であることを示しています。

また，ウィンターボトム（Winterbottom, 1959）は8歳男児の達成動機と母親のしつけの仕方との関連を調べました。その結果，こうしてはいけない・このようになってはいけないという制限的なしつけよりも，こうしなさい・あのようになってほしいという要求的なしつけをした親の子どもの方が，高い達成動機を示すことが明らかになりました。しかしこのような結果は文化差もあるようです。しつけのあり方が達成動機の高低を決めることもありますが，訓練によっても達成動機を高くして学習効果や作業成績を上げようという試みが行われてきています。先のマックレーランドの研究結果をふまえ，中程度の成功

可能性をもつ目標をもつことを学習させることを主なねらいとして訓練を行った結果（曽我部・下山，1977），目標設定が現実的に変化したことで，やる気が向上し，学習成績が高まったということが示されました。したがって，自分の将来像に向かって自己実現をはかるにあたっても，漠然とああいう人になりたい，こういうことをやってみたい，というのではなく，そのためにまず具体的なしかも適切な困難度をもつ目標をたてることが重要であることが認められます。

　以上，個体保存のための最も基本的な欲求から，親和動機・達成動機などの社会的欲求について述べてきました。では，これらのさまざまな欲求は相互にどのような関係にあるのでしょうか。食事や睡眠を十分にとることができないような状態では，いくら達成動機の高い人であっても実際の達成行動には結びつかないでしょう。生理的欲求は欲求の水準としては最も低いわけですが，それが満たされないと他の欲求も起きてきません。そして生理的欲求が満たされれば，次の欲求がでてきます。このように人間の欲求には階層があり，低次の欲求から高次の欲求へと階段を追って発達するものであることを，マズロー（Maslow, 1943）は主張しています（**階層性理論**，1章参照）。

　基本的欲求が満たされれば社会的活動をしたい，人から認めてもらいたい，人を愛し人から愛されたいという愛情欲求や所属の欲求が中心となります。そして，それが満たされれば，自分を主張したい，他者からの尊敬を得たい，人に影響を与えたいという自尊の欲求が中心となります。そうして，最後の水準の欲求は，自分の能力を出し切りたい，自分を高めたい，創造的でありたいという達成欲求，自己実現への欲求です。低次の欲求からより高次の欲求にいくにつれ，心理的により成熟した方向へ向かっていることになります。アイデンティティが確立し自分らしさを発揮しそれを職業生活とつなげていこうとしている青年期は，欲求の階層からみると自己実現の欲求がまさに主座を占めている時なのです。

3 自己実現への学習

1 自己学習能力

　大学の授業の学期末にレポート課題を出すと，その内容が授業で講義された内容の単なる羅列にすぎないものに出会ったり，卒業論文を作成するにあたってどの本を読んだらよいのか教えて欲しいという質問をする学生が多くなっているように感じます。また，ゼミや卒業論文のテーマさえ自分で選べない学生も多くなっています。ここには，自分にとって役立つ知識を取り出すという能力が身についていないことや，自ら必要とする知識を創り上げていく力が育っていないことがうかがえます。しかし一方，具体的な課題やテーマを与え，それに向かって学習する手順を示せば，それを着実にこなす力はあるのです。つまり，自ら「問い」をたてることが得意ではないということなのです。彼らは既成の知識を伝達する上で，効率第一主義に大きく偏っている現行の学校教育の犠牲者であるかもしれません。しかし，自分が学びたい内容の選択肢の幅と時間の多さが人生の中でもっとも補償されている大学時代に，相変わらず与えられた問いにだけ答えていくというのは実に惜しいことです。これでは自己実現に向かって自分が何をどのようなルートで進んでいくのかを自分で決定することもむずかしいことでしょう。したがって，既成の知識を身につけるだけではなく，自らが学んでいく力，あるいは自ら必要とする知識を創り上げていく力，つまり自己学習能力の形成が必要となってくるのです。

　自己学習能力を高めるためには，何よりもまず学習主体の能動性・自発性が重要になってきます。学習者としての適性を指摘したゴーフ (Gough, 1957) は**カリフォルニア人格検査**を作り，その中に2つのタイプの適性を調べる別々の尺度を構成しました。それは，追随達成傾向と独立達成傾向と呼ばれています。追随達成傾向は誰かがお膳立てしてくれた状態でよく学習できるという特性を，独立達成傾向は自分が次に何を選ぶのかを決めることができる状況でよく学習できるという特性を表しています。ゴーフの調査結果によると，大学での成績には明らかに独立達成傾向の方がプラスに働くが，小・中学校ではむしろ追随

達成傾向の方が重要だということが示されました。学習者のこうした傾向によって効果的な学習法も異なってくることは、いくつかの研究によって実証されてきています。

ドミノ（Domino, 1971）は、大学で心理学の入門コースを教える時に伝統的な講義中心の教え方と自由にアイディアを出すことが要求される学習者参加型の教授法の、2つの教授法を比較しました。その結果、追随達成傾向の強い学生は講義中心の学習法、独立達成傾向の強い学生は学習者参加型の学習法のもとですぐれた成績を示すことを明らかにしました。

追随達成傾向の強い学習者には、この傾向に合った学習方法や指導者がいて初めて力が発揮されるといえます。自分で課題をみつけ、それと熱心に取り組み、その学習に内在する思考や創造に伴う喜びや満足、自分の能力が高められることの楽しさを味わせられるのは、独立達成傾向によってであると考えられます。このような自己学習能力が十分発達していないと、自分の可能性を自分でみつけ、その可能性を人生の中で実現していこうとして生きていくのはむずかしいのではないでしょうか。

2 職業選択のための学習

ハヴィガースト（Havighurst, R. J.）やエリクソン（Elikson, E. H.）が指摘するように、青年期において、進路選択や職業選択は重要な発達課題です。特に、職業上の役割は生涯にわたる社会との結びつきを考える上で関係してくる重要な役割です。「職業」は社会的分業における社会的役割の継続的遂行を意味しているからです。私たちは職業活動によって、収入などの物質的な報酬を獲得するのみではなく、能力発揮や自己実現などの精神的報酬を獲得します。さまざまな社会関係を通じて社会的地位を確保することから、職業上の地位が個人のアイデンティティを確立する重要な地位となる場合も多いのです。

職業選択過程に関する心理学的アプローチとしては、職業発達理論、職業興味理論との関わりをみる理論などのアプローチがあります。スーパーら（Super & Bohn, 1970）は、**職業発達理論**で、職業選択にいくつかの段階を設定して考えています。この理論では、職業を選択していく過程をその人のその時点での実現可能性をふまえながら、選択しようとする職業に対して自分が適応してい

く過程であるととらえています。したがって，職業選択の過程は，自己と現実との相互作用であるということができます。その人がどのような職業的興味をもっているのか，その職業に惹かれるのは自分のどういう側面なのか，その興味ある職業に就き仕事を遂行していくにあたって，自分自身どのくらいの能力や経験をもっていると考えるのか，といった自己概念の吟味を通して，一定の仕事や職業の現実的な選択へと向かっていくのです。

一方，ホランド（Holland, 1973）らの職業興味理論では，個人の職業興味を現実的・探求的・芸術的・社会的・企業的・慣習的の6つの類型に分けています。これらの類型のうち，人は特定のどれか1つの類型に高い興味をもっており，職業選択はその個人の職業選択の類型パターンと職業特性の類型パターンとの間に一致が見出されていく過程であることを指摘しています。

日本における青年期の職業選択過程に関する研究として，若林ら（1983, 1984, 1985）の研究が挙げられます。彼らは職業選択過程を，規定要因・自己概念・職業意識の状態からとらえ，職業選択や就職決定がどのように予測されるかという観点から検討をしています。その結果，女子大生の職業社会化過程において，「男らしく」「力強い」自己像の存在が，職業生活に対する積極的な関わり（職務挑戦志向，職場適応感など）に重要であることを示しています。また，鹿内ら（1982）は自己評価能力の高さが，大学生活への適応・将来の職

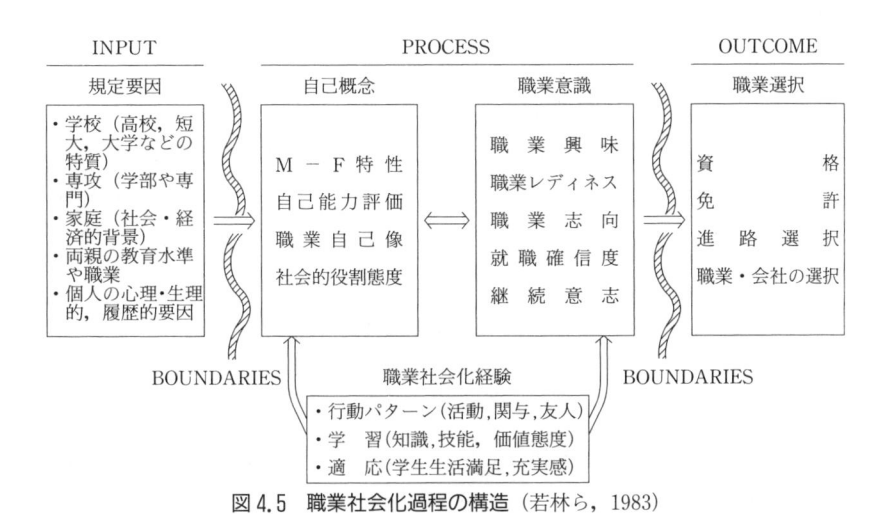

INPUT	PROCESS		OUTCOME
規定要因	自己概念	職業意識	職業選択
・学校（高校，短大，大学などの特質） ・専攻（学部や専門） ・家庭（社会・経済的背景） ・両親の教育水準や職業 ・個人の心理・生理的，履歴的要因	M－F特性 自己能力評価 職業自己像 社会的役割態度	職業興味 職業レディネス 職業志向 就職確信度 継続意志	資　　　格 免　　　許 進路選択 職業・会社の選択
BOUNDARIES	職業社会化経験 ・行動パターン(活動, 関与, 友人) ・学　習(知識, 技能, 価値態度) ・適　応(学生生活満足, 充実感)		BOUNDARIES

図4.5　職業社会化過程の構造（若林ら，1983）

業生活への展望に密接に関連していることを指摘しています。以上の研究結果から，効果的な職業選択過程は力強さや有能性の自己概念によって導かれるということができます。一方，下山（1986）は，アイデンティティが未発達で，職業についての自己決定ができないアパシーや留年が増加していることを指摘しています。職業選択が青年期の重要な発達課題でありながら，それを決定できる程度にまで自己理解が深められない問題は，「スチューデント・アパシー」や「モラトリアム人間」として1章で述べられている通りです。

> Q13：職業選択のあり方について，以下のことが現在のあなた自身にどのくらいあてはまりますか。
> 1．自分の職業決定には自信をもっている
> 2．将来自分が働いている姿がまったく浮ばない
> 3．私はいつも自分で実現できないような職業ばかり考えている
> 4．できることなら職業決定は先に延ばしておきたい
> 5．職業は決まっていないが，今の関心を深めていけば職業につながっていくと思う
> 6．生活が安定するなら，職業の種類はどのようなものでもよい

3 生涯学習

「**生涯学習**」ということばは今では耳慣れたことばとして定着してきています。これは，大学等の公開講座のポスターを目にすることが多くなり，市や県などの主催で一般の市民向けに行われるカルチャースクールはすぐに定員がうまってしまったり，社会人入学の枠があちこちの大学で広げられていることにも，そのあわれをみることができます。自分が自分らしさを最大限に発揮し自己実現へと向かうためには，自分の人生の重要な節目で必要に応じて学習でき，自分の生き方を見直して方向を定め直す機会をもつことは大切なことです。生涯学習はまさにこのような学習の機会を保証するものとして位置づけられます。1985年パリ第4回ユネスコ国際成人教育会議における「『学習権』宣言」では，次のようにうたっています。

　『学習権とは読み書きの権利であり，問い続け，深く考える権利であり，想像し，創造する権利であり，自分自身の世界を読みとり，歴史をつづる権利

COLUMN ❺ 職業を選択するための学習の効果

職業を選択するにあたって，どのような決定方略が望ましいのでしょうか。下村（1996）は，「主観的期待応用方略」と「属性による排除方略」の2つについて検討しました。そのそれぞれの学習プログラムは以下の通りです。

ステップ	主観的期待応用方略	属性による排除方略
I	机の上の就職情報誌をみて，漠然と入りたいと思う企業を5社選ぶ。5社選んだら机の上に用意したメモに書き込む。	
II	自分が入りたいと思う会社にどのような属性が備わっていたら良いか，自分が会社を選ぶための選択基準を5つ挙げ，メモに書き込む。	
III	ステップIIで選んだ5つの選択基準に重要度によって点数をつける。最も重視する選択基準に「5」を，最も重視しない選択基準に「1」をつけてメモに書き込む。	
IV	選択基準をどの程度満たしているかを机の上の就職情報誌の記事で判断し，○△×の3段階で評定する。これを5つの基準，5つの会社について繰り返す。	いちばん重要だと考えた選択基準の記述を就職情報誌から探して，5つの会社がそれぞれどのくらい自分の選択基準を満たしているかを○△×の3段階で評定する。
V	それぞれの会社の点数を決める。	ステップIVで△や×のついた会社を選択対象から排除し，これ以降はこの会社の検討はしない。次に2番目に重要な選択基準でステップIVと同じように残った会社の評価を決める。
VI	最も得点の高い会社に決定する。	最終的に1つの会社に決まるまでステップIV・Vの手順を繰り返す。最後に残った会社を最終決定とする。

表 4.1　職業選択学習プログラム

大学2・3年生を対象とした結果によると，「属性による排除方略」の方が，職業選択をうまくやれるという感じを高め，ベストの決定を導くのに役立つ方法だと受け取られていることが指摘されました。しかし一方で，就職活動を行なった大学4年生に模擬的な職業選択場面で職業を選ばせると，選択対象となる企業数が多い前半では「属性による排除方略」を用いて，企業数が少なくなった後半では「主観的期待応用方略」を用いることが示されています（下村；1996）。したがって，これら2つの方略を組み合わせることによって，より効果的な決定方略となることが予想されるでしょう。

であり，あらゆる教育の手だてを得る権利であり，個人的・集団的力量を発達させる権利である。…（略）… 学習権は，人間の存在にとって不可欠な手段である。』

　この宣言の中にもみられるように，学習するとは人間が人間らしく，自分が自分らしくあろうとするための権利と考えることができます。生涯「教育」ではなく生涯「学習」ということばの用い方からも，学ぶ主体としてあり方が示されているといえるでしょう。

　生涯学習の重要性が強調されるようになった背景には，人間発達のとらえかたの変化があります。心理学の分野においても，発達心理学とはどのような学問かという問いに対し，従来は子どもの発達的変化の過程にどのような一般的法則性があるのかを扱う学問というとらえ方をしてきました。したがってその対象は誕生から大人になるまでの20〜25年にわたる短い時間の中で変化する発達でした。しかし人生80年といわれる長い時間の中では，年々変化していく社会的文化的影響を多様に受けながら生きているのです。さまざまな背景の中で発達していく変化を説明しようとすると，ここには大きな限界が生じてきます。生涯発達の視点は，このような限界を超えるものとして登場してきた新しい発達観なのです。

　生涯発達とは，人間の発達を乳幼児期・児童期・青年期に限るのではなく，成人期・老人期まで延長して，誕生から死に至るまでの人間の一生涯を視野に入れて発達を考える視点です。ここには，成人期以降にも子どもの時期に続くなんらかの進歩的・向上的な発達があるというとらえ方と，人生の段階的な推移つまりライフサイクルを発達と考えるというとらえ方があります。ライフサイクルの中で発達を考えるとすると，必ずしも進歩や向上への変化という意味だけではなく，衰退をも含めて人間の発達的変化をとらえることになるでしょう。生涯発達という視点で人間の発達をみると，社会的に生きている存在であることが浮き彫りにされてきます。したがってこの新しい発達観の中では，自分の人生をいかに自分らしく，「社会の中で」生かしていくのかが問われてきます。どのような自己の実現に向かって生きるか，またどのようなルートで自己実現に向っていくのかは，まったく個人特有で多様です。生涯学習とは一生涯を通じて自己実現に向かって進んでいく方向づけをするための自分理解の学習

といえるでしょう。

推薦図書

- 『学習心理学への招待』 平野俊二　1993　サイエンス社
- 『現代社会と人間関係』 狩野素朗　1985　九州大学出版会
- 『生涯発達の心理学』 東　洋・柏木惠子・髙橋惠子（編）　1993　新曜社

5章 学習効率に寄与する能力

　「頭の回転が早い，いつもよいアイディアを出す」などのことばは，その人の「能力」の高さを表す時に使われています。本章では，このような人の知的能力について解説していくことにしましょう。誰しも，能力の高い人になりたいと思っているわけですが，なかなかそうはいきません。この章を読んで，能力について理解が深まれば，希望に一歩近づけるかもしれません。実は，能力といっても，知能，思考，概念，記憶力など，いろいろなものがあります。ここでは，前半で，知能や思考について解説します。そして後半は，青年期，壮年・老年期のこれらの特徴について考えていくことにしましょう。

1　知能とは
2　思考とは
3　青年期以後の学習の能力

1 知能とは

　皆さんが知能ということばについて抱いているイメージは，頭の良し悪しのようなものではないでしょうか。また，学校の勉強がよくできる人は，知能が高いというイメージもあるのではないでしょうか。もし皆さんの思っている通りだとすると，ヘルムホルツやゲーテは，なぜ学校の成績が悪かったのでしょうか。まず，知能とは，どのようなものかをみていくことにしましょう。

1　知能の定義

　知能には，環境に適応する能力とか，抽象的な思考能力とか，学習能力など，いろいろな考え方があります。

　スピアマン（Spearman, 1904）は，知能に**一般因子**と**特殊因子**があると考えました。この考え方は，広く受け入れられているものです。一般因子という考え方を否定する研究者（Thorndike, 1921；Thomson, 1939 など）もいますが，知能は，一色ではなくいろいろな色分けができる，と考えるのが一般的です。たとえば，ギルフォード（Guilford, 1959）は，知能を記憶能力と思考能力に分け，思考能力は，認知，生産（集中的思考と拡散的思考），評価の因子から成り立っていると述べています。さらに彼は，これらの5つの因子（記憶，認知，

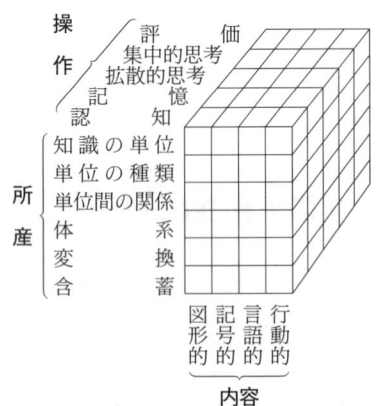

図5.1　知能構造のモデル（Guilford, 1967）

拡散的思考，集中的思考，評価）を，具体的な知的行動の内容によって分類して，5×4×6の120の因子からなる知能構造のモデルで示しました（図5.1）。このうち約半数は，すでに解明されているといいます。

　将来，脳の研究やコンピューターによる人工知能の研究が進むと，さらに新しい知能の考え方が生まれることでしょう。

2 知能の診断

　原始の時代にも，山で獲物を捕ったり，海で魚を捕えることのうまかった人は，高く評価されたでしょう。また，古代の人々は，人の能力を測るのに，謎解きをさせたそうです。

　今日みられるような**知能検査**は，知的障害を見分けるためにフランスの心理学者ビネー（Binet, A.）が，シモン（Simon, T）と共同で1905年に作りました。その後改訂され，知能の発達程度を精神年齢によって表す方法が取り入れられました。そして，3歳から成人までの測定もできるようになりました。これが各国に紹介され，今日に発展してきています。その中で特に，1916年にターマン（Terman, L. M.）が行ったスタンフォード・ビネー改訂尺度は，知能指数を初めて採用したことで有名です(肥田野，1973；高橋，1979)。このビネー式知能検査は，わが国でも標準化されています。現在よく使われているのは，田中ビネー式知能検査です。これらの検査は，知能全体を測ることが目的です。

　これに対して，知能の中身をもっと詳しく分けて測定しようとした検査が，ウェクスラー（Wechsler, 1939）によって作られました。この検査は，はじめ成人用（Wechsler-Bellevue Intelligence Scale）として作られ，言語性知能指数と動作性知能指数の2領域で知能が表されています。その後，児童用(WISC：Wechsler Intelligence Scale for Children，現在はWISC―Ⅲ)や幼児用(WPPSI：Wechsler Preschool and Primary Scale of Intelligence）が作られました。

　ビネーの知能検査に10年ほど遅れて，多数の兵士を短期間に選ぶという軍事目的で，集団知能検査がヤーキース（Yerkes, R. M.）らによって開発されました。これはアメリカ陸軍知能検査（U. S. Army Test）と呼ばれるもので，英語の読み書きのできる人に使うα（A）式と，英語の読み書きのできない人に使うβ（B）式の2種類があります。その後これは，民間でも使われるようにな

り，多くの類似の検査も作られています。その他，乳幼児の精神発達を診断するための検査も開発されてきました。

知能検査では，精神年齢，知能指数や知能偏差値ということばがよく用いられますので，簡単に解説しておきましょう。精神年齢（MA : mental age）は，その人の知能が，何歳何か月であるかを表すものです。実際には，知能検査で何歳の問題まで解けたかによって精神年齢を決めます。たとえば，7歳の児童が知能検査で10歳の問題まで解けたら，精神年齢は10歳となります。

知能指数（IQ : intelligence quotient）は，下の式のように，精神年齢と実際の年齢（CA : chronological age）の比で表します。年齢が違っても，知能の程度を比較することができるので便利です。また，平均的知能は100（90〜110）で，70以下を知的障害，140以上は最優秀とか天才的知能ということもあります。

$$知能指数 = \frac{精神年齢(MA)}{実際の年齢(CA)} \times 100$$

知能偏差値は，平均的知能からどれだけ偏っているかを，標準偏差（得点の広がりを表す測度）をもとに示したもので，以下のように計算します。この場合，平均的知能は，50となります。

$$知能偏差値 = \frac{10(個人の知能得点 - 個人の属する年齢の平均知能得点)}{標準偏差(SD)} + 50$$

最後に，知能の考え方について述べておきます。知能は目に見えないものなので，身長や体重のように人に計器を当てて測れません。そこで，実際の知能を知能検査に写し出して，それを推測しているのです。知能検査が，正確に知能を写し出さなければ，その人の本当の知能も分かりません。また，知能は，その人のすべてを表すものでないことは，いうまでもありません。私たちを時計に例えるならば，知能は，時計の1部品のようなものです。1つの部品がいくらよくても，他の部品が悪ければ，よい時計とはいえません。すべての部品が最高のものでも，全体としてうまく組み合わされて（調和されて）いないと，これも時計として働きません。このように，知能だけがいくら高くても，他の能力が伴わなければ，社会の中でうまく生きていけないのです。

> Q14：知的な障害がありながら，1つの領域で天才的な能力を現わした人を思い出してください。

2 思考とは

「思考」とは，字のごとく「思い考える」ことです。パスカル（Pascal）が，人間は「考える葦」だと言ったように，考えるということは，最も人間らしい働きの1つといえるでしょう。恋人のことを思っているとか，自分の人生について考えているなど，「思う」「考える」ということばは，日常生活でもよく使われています。ここでは，問題を解くことや何かを創造するという思考について，考えてみましょう。

1 問題解決―試行錯誤と洞察

知恵の輪をはずす時，皆さんはどうするでしょうか。ああでもない，こうでもないと手当たりしだいに輪をはずす行動をしているうちに，偶然，輪がはずれるという経験をしたことがあると思います。これは，試行錯誤による問題解決の1つです。試行錯誤の研究は，ソーンダイク（Thorndike, 1911）によって始められました。彼は，バーを動かすことによってしか外に出られない仕掛の箱「問題箱」から，ネコが偶然に外に出られた行動を観察しました。その結果彼は，問題解決は，**試行錯誤**によって，少しずつ完成していくものだと考えたのです。

私たちの問題解決行動は，このような試行錯誤による行動だけでしょうか。むしろ「ああそうだ，分かった」というひらめきで，一挙に問題を解決する場合が多いはずです。形態心理学のケーラー（Köhler, 1917）は，ソーンダイクの試行錯誤による問題解決，という考えを批判する実験を行っています。彼の代表作「類人猿の知恵試験」から，その1つを紹介しましょう。檻の中のチンパンジーには，手の届かない所に好物のバナナが置かれています。手を伸ばして取ろうとしたり，1本の棒でバナナを引き寄せようとしたり，いろいろとやってみますがうまくいきません。バナナを取る行動をあきらめたかのように見えたチンパンジーは，しばらくして突然，2本の長短の棒を組み合わせ，それ

を使ってバナナを引き寄せることに成功しました（図5.2）。ケーラーは，このような動物の行動は，試行錯誤では説明がつかず，「思考」や「推理」を含む**洞察**的な問題解決であると考えました。実際それは，難問が解けた，という私たちの問題解決行動とよく似ています。彼によれば，「洞察」は，いろいろな点で試行錯誤と異なっているといいます。次に，人間の問題解決の研究を紹介しましょう。

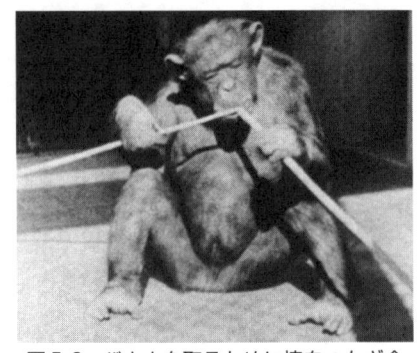

図5.2 バナナを取るために棒をつなぎ合わせているチンパンジー
(Munn, 1962)

　ドイツの心理学者ドゥンカー（Duncker, 1945）は，「胃の中に直接手術できないような腫瘍がある。強くすると健全な組織を害する光線を用いて，周囲の組織を損なわずに腫瘍を治療するにはどうすればよいか」という「放射線問題」を作りました。これを，大学生に与え，解決の仕方を声に出して言ってもらい，問題解決の道筋を分析しています。大学生の到達した解決法は，「弱い光線をレンズによって腫瘍部分に集中させる」というものでした。これにたどり着く道筋には，目標は何か，目標を達成するにはどのような問題（葛藤場面）があるか，問題を解決する材料は何かを考える3つのプロセスが含まれています。彼の結論によれば，問題解決は，一般的な機能的価値（レンズが解決に使えることなど）の発見と，それを具体化する能力であるといいます。これは，ケーラーのいう洞察と同じことを指しています。

> Q 15：試行錯誤と洞察による問題解決をイメージして，両者の違いを考えてください。

　私たちの問題解決の仕方には，2つのやり方があります。1つは，問題を解くための手順（アルゴリズム）が決まっていて，それに従って解いていけばいつかは必ず解ける方法です。しかし，アルゴリズムを作り上げるまでには，大変な時間と労力が必要です。もう1つは，似たような過去の経験や知識を利用して，発見的に問題を解く方法（ヒュリスティク）です。これは，私たちが日常使っている問題解決の方法ですが，必ずしも解けるとは限りません。

COLUMN 6

EQ: Emotional Quotient（情動指数）

　EQとは，ニューヨーク・タイムズの科学記者であるゴールマン（Goleman, D）の著書「Emotional Intelligence（情動知能，こころの知能指数）」（1996）を，週刊誌「タイム」が紹介した時に，IQになぞらえて名づけたものです。このEQは，知能指数とは質の異なる頭の良さのことです。ゴールマンによるとEQには，①こころから納得できる決断を下す能力，②衝動を押さえ，感情を制御する能力，③挫折した時でも自分自身を励ます能力，④他人の気持ちを感じとる共感能力，⑤集団の中で調和し協力し合う社会的能力などがあるといいます。ゴールマンが，日本の読者に向けて書いたメッセージの一部を紹介しましょう。

　『「こころの知性」に関して日本でまず課題とすべきは，学校教育における点数偏重を見直すことだろう。1つには，学力試験で測定されるような認知能力は広範な知性のごく一部分しか反映していないことが各種のデータからわかっているからだ。自分自身の感情や他人との関係をうまく処理する能力も，知性の一部分だ。しかもこれは，人生を最終的に大きく左右する知性だ。アメリカでは，狭い範囲の成績や点数を重視したところで，その子が将来よい人生を生きられるかどうか予測する基準にはならないのではないか，と考えるようになってきている。学校の成績は，実際，その人が社会に出てから成功するかどうかの予言にはならないし，まして幸せな人生を送れるか，世の中の役に立つ人間になれるかどうかを決定する要素ではない。同時に，アメリカでは社会の不安定化が進み，子どもたちのこころの教育に早急に力を入れる必要性が切実に叫ばれている。日本の社会も，似たような方向へ動いていく徴候をみせ始めているようだ。さらに，今の日本の青少年にかけられているプレッシャーの大きさを考えると，不安の処理法を教えていく必要があるように思われる。また，いじめの増加を考えると，親切や思いやりの教育に目を向ける必要もありそうだ。生徒にこれだけ大きなプレッシャーをかける学校教育を今後も続けていくならば，プレッシャーにうまく対処する方法も同時に教えていくべきだろう。将来，こころの教育は日本人らしさを支える重要なカギとなるかもしれない。』（邦訳『EQ―こころの知能指数』　土屋京子・講談社より）

問題解決を左右する要因

問題解決を促進したり妨害したりする要因には、いろいろあります。最もよく知られているのは、「構え」です。以下を読む前に、表5.1の「水がめ問題」を1番から順に解いてください。

これはルーチンスら（Luchins et al., 1950）が考えた、構えを説明する問題です。1から5までの問題は、B－A－2Cで解けます。問題6，7は、B－A－2Cでも、もっと簡単な方法（A－C，またはA＋C）でも解けるようになっています。問題8は、A－Cでしか解けません。たいていの人は、問題6，7でもB－A－2Cの解き方をしたのではないでしょうか。また、問題6，7でB－A－2Cの解き方をした人は、問題8がなかなか解けなかったのではないでしょうか。これは、問題1～5を解いている間にできた「構え」が、影響しているためです。同様の考え方で、材料そのものの使い方（機能）の側からみたものに、ドゥンカー（1935）の**機能的固着**があります。このように、過去の経験は、新しい方法でなければ解けない問題や、発想の転換が必要な問題には、邪魔になります。一方で、過去の経験が、問題を解くのに有利に働く場合もとても多いのです。過去の経験は、「両刃の剣」であるといえるでしょう。この他にも、問題解決には、問題に対するイメージ、学習態度、動機づけ、発達レベルなど、いろいろな要因が影響しています（牧，1973）。

表5.1　ルーチンスの水がめ問題 (Luchins, 1950, 1959)

A，B，C，3種類の水がめを組み合わせて使用することによって、一定量の水をくみ出す方法を見つけてください。単位：クォート

問題	使う水瓶(容器)の容積			求める水の量
	A	B	C	
練習	29	3		20
1	21	127	3	100
2	14	163	25	99
3	18	43	10	5
4	9	42	6	21
5	20	59	4	31
6	23	49	3	20
7	15	39	3	18
8	28	76	3	25

2 創造的思考―新しいものを作り出す

　エジソンやアインシュタインのように大発明や発見をしたり，ゲーテのようにすばらしい文学作品を創造したりしてみたい，と思いませんか。このような彼らの活動は，創造的思考の結果であるといわれています。この創造的思考は，特別なものなのでしょうか。また，他の思考とどのように違うのでしょうか。

　創造的思考は，ひらめきという点などで，洞察による問題解決と似たところがあります。思考能力を１つの宝石に例えるならば，宝石を見る角度（側面）が異なると違う輝きを放つように，思考能力のある側面が問題解決であり，また別の側面が創造的思考なのです。いろいろな思考がそれぞれ独立した能力ではなく，ある思考ではあまり働いていなかった面が，他の思考では重要な役割をするのです。創造的思考のもう１つの特徴は，社会的・文化的価値をもっていることです。多くの人が，その価値をなんらかのかたちで認めなければ，創造的思考といえません。これが，奇抜な発想との違いです。創造的思考がどのようなものであるかを知る１つの方法は，創造的なすばらしい仕事をした，いわゆる天才を分析していくことです。たとえば，ピカソやアインシュタインの生活や仕事を分析して，創造性をどのように展開していったのかを調べていくのです。まだ一致したものはないのですが，ワラス（Wallace, 1926；山口, 1979）の創造的思考の考え方は，比較的受け入れられているので紹介しましょう。

　①準備：問題を意識し，解決に必要な知識を得る時期。
　②孵化：その問題に積極的に手をつけていないで，一見なにもしていないように見える時期。
　③啓示：解決法が，突然ひらめく時期（ポアンカレが，馬車のステップに足をかけた瞬間に，フック関数理論発見のひらめきがあった，という話は有名です）。
　④検証：ひらめきをもとに，音楽家が曲を書き下したりすることなど。

　創造的能力は，どのようにして測れるのでしょうか。ギルフォード（1950）は，ほとんどの知能テストは，各項目に対して１つの答を出す**集中的思考**しか対象にしていないが，知能には他に，**拡散的思考**があると述べています（図5.1参照）。この拡散的思考が，創造的思考と深い関係にあるのです。もちろん，こ

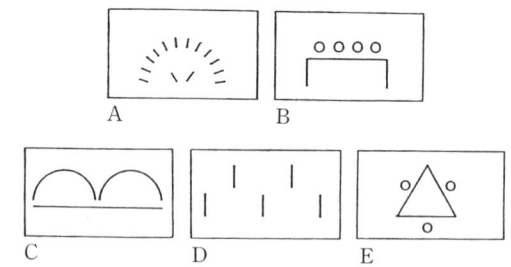

これらの図は5年生に示され，完成すると何に見えるか想像するよう求められる。

平凡反応の例：(A)太陽，(B)グラスののっている机，(C)2つのエスキモー人の家，(D)雨滴，(E)机を囲む3人の人。

非凡反応の例：(A)こなごなになった棒つきキャンディー，(B)足と足指，(C)空飛ぶじゅうたん上の2かたまりの干し草の山，(D)虫がたれ下がっている，(E)チーズの一片を食べている3匹のハツカネズミ。

図5.3 創造性テストの例(Wallack & Kagan, 1965：山口，1980より)

の思考は，天才だけのものではありません。現在，いろいろな創造的思考の検査が開発されていますが，図5.3はその一例です。創造的思考が知能の一部であるとすると，知能の高い人は創造性が高いことになります。しかし，アインシュタインが入学試験に失敗したとか，ダーウィンやゲーテが学校の成績がよくなかったとか，エジソンが不登校だった，という話はどうなるのでしょうか。知能と創造性の相関は低い（およそ＋0.20）という研究もあります（細田，1968）。この根拠は，創造性の高い人は知能も高い傾向にありますが，知能の高い人が必ずしも高い創造性をもっているとは限らないためです。また，天才といわれた人が何かを創造しようとするひたむきさは，時に，端から見ると異常な行動に見える場合も多いようです。

創造的思考を磨くには，柔軟な考え方をすることが必要ですが，それを手助けするいろいろな方法も考えられています（表5.2参照）。この中で特に，ブレインストーミングは，新しいアイデアを出す方法の1つとしてよく用いられています。皆さんもやってみてはいかがでしょうか。最後に，ブレインストーミングをする際の注意事項を挙げておきましょう（Osborn, 1982）。

①無批判：相手の意見を批判しない。
②量：できるだけ多くのアイディアを，尽きるまで出す。
③自由奔放：奇想天外なことでも批判をおそれず発言してみる。

④結合：人のアイディアから連想して，さらに違ったアイディアを発想する。

表5.2 創造的思考を磨く技法（竹田，1991）

ブレインストーミング	あたえられたテーマについて自由に，多くの発想を出し合う。その際，批評，批判，評価はいっさい行わない。オズボーンが考案。
KJ法	集団での自由な討議の発言内容を紙に書き，分類する。このプロセスが何回も繰り返される。川喜田二郎が考案。
カタログ法	カタログのようなものをでたらめに開いて，無作為に項目を2つ選び，それを結びつけて，新しいアイディアを生み出す。
リスト法	物やアイディアをリストにし，各リスト項目どうしを結びつけ新しいアイディアが生み出せないかを検討する。
焦点法	ある物を工夫する時，それと他の要素を関連づけ，自由連想的に発展させていく。
特殊リスト法	工夫する物の特性や要素をリスト化し，それぞれの改良点を考える。
チェックリスト法	多面的に観点を変えたチェックリストを作って検討する。

いろいろな思考をする時，私たちは，概念を使って進めていくことが多いのです。概念というのは，物事に共通する特徴と考えてよいでしょう。たとえば，私たちが「黄色」と言う時は，あらゆるものから「黄色であること」をすくい上げて，他のもの（その数や形など）を捨て去った抽象的一般的なもののことです。これが，黄色という概念です。概念が十分使えるようにならないと，複雑な思考ができません。この概念が，どのようにして作り上げられていくか（概念形成）については，用語解説を参考にしてください。

3 青年期以後の学習の能力

学習そのものについては，4章で詳しく解説しましたので，ここでは知能と関係した学習の能力が，青年期以後どのように変化していくかについてみていくことにしましょう。

1 青年期の学習能力

青年期の学習を支える能力には，どのような特徴があるのでしょうか。多くの研究をまとめてみると，学習活動に関する能力は，20歳ごろまで年齢とともに増加し，しばらくはそのままの状態がつづき，30歳代ごろから低下し始めま

す。これは,人間の脳の発達(衰退)と平行しているようです。このように,青年期の学習能力の特徴は,人の一生の中で,能力が最も高い時期です。しかし,青年期が必ずしもすべての学習能力で,最高峰にあるわけではありません。個々の学習能力についてみてみると,簡単な条件づけや無意味語(材料)の単純記憶学習などは,幼児・児童期の成績がよいといわれています。また,問題解決の場合,幼児・児童期と青年期では,解決の仕方に違いがあります。たとえば,謎解き問題で,年少の子どもは慎重さがなく,前の行動を機械的に反復し,ミスをしてもまた同じことを繰り返します。年長になると,これらの傾向がなくなり,見通しをもち,適切な分析を行い,試行ごとに計画を作り直すようになります(Lindley, 1897;辰野,1968)。すなわち,青年期は,試行錯誤よりも洞察的になるのです。

青年期の能力は,すべての能力で最高でないにしても,総合的にいって頂点にあることは間違いありません。一生のうちで最も学習能力の高いこの時代に,多くの学習を積むことが,長い一生を考えると大変「得」ということになります。また,次で述べる壮年期・老年期になっても,能力を衰えさせない努力を,若いうちにしておくことも大切でしょう。

2 壮年期・老年期の学習能力

ギルバート(Gilbert, 1941)は,知的レベルが同じ60歳代と20歳代の各174人に**表5.3**の学習をさせ,老年群の学習能力がどの程度低下したかを調べました。表中の「最高40人の老年群」とは,知能の高い60歳代(40名)の人が,知能の高い20歳代(40名)に比べ,どの程度学習能力が落ちたかを示したものです。この結果をまとめると,(1)数字のような簡単な材料を直接再生させる時には,老年群も成績があまり劣りませんが,複雑な材料になるほど,その差が大きくなること,(2)新しい連合(学習)を形成しなければならない場合に,さらにその差が大きくなること,(3)知能の高い人は,老年期になっても学習能力が低下しにくいこと,が分かります(辰野,1968)。

数字と記号の置きかえのような**感覚運動的学習**や,外国語のような新しいことばの学習能力は,青年期を境に衰えていきます。また,高齢者は,過去の経験が豊富になるので,これにとらわれてしまい結果として学習成績が悪くなり

表5.3 老年者(60歳代)の種々の学習能力の損失率(注1) (Gilbert, 1941：辰野，1968より)

検査材料	全老年群	最高40人の老年群
数字の視的記憶範囲	8.5	5.2
数字の聴的記憶範囲	11.8	8.4
数字の逆唱範囲	21.2	18.8
文章の反復	21.3	10.3
ノックス立方体(非言語的反復)(注2)	26.2	14.4
文節(paragraph)の反復	39.7	18.6
文節の直接記憶	41.8	20.6
図案の記憶	45.9	24.6
対連合の把持	54.6	30.3
対連合	58.7	36.3
トルコ語―英語の把握	60.4	32.3

注1：損失率(%)＝$\frac{20歳代の得点 - 60歳代の得点}{20歳代の得点} \times 100$

注2：5個の立方体のうち，4個の立方体を一定の間隔に並べ，残りの1つを手にとり，まず実験者がある順序でたたいてみせてから，被験者に，その順序どおり立方体をたたかせる方法。

ます。これは，いわゆる頭がかたくなる原因の1つです。しかし，問題解決などの能力は，過去の経験がプラスにはたらく場合も多いので，他のものほど衰えません。問題によっては，青年期よりも良い成績がとれることもあります。知能検査の結果でも，速度や感覚機能を必要とする動作に関係した能力は，20歳を頂点として，その後かなりのスピードで衰えていきます。これに対し，一般的知識，語彙の能力，推理や判断の能力は，青年期以後も60歳頃まであまり衰えません。さらに，「老人の知恵」とか「年の功」といわれるように，能力の中には，むしろ向上する面もあります。しかし，知能検査では，これを十分測っているとはいえません。キャテル(Cattell, 1963)は，知能を，新しい場面に適応する**流動性知能**（記憶力など）と，過去の経験の積み重ねである**結晶性知能**（判断力など）に分けて考えています。流動性知能は年齢とともに衰えていきますが，結晶性知能は年齢とともに向上していくと考えられています。生理的な老化現象で記憶力などの低下が起こるのは，ある程度やむを得ないことですが，これを結晶性知能でカバーするようになります。結晶性知能を鍛えれば，全体としての能力が高くなる可能性もあるわけです。**表5.4**は，それぞれの領域で，最高の業績を上げる年齢を示したものです。青年期よりも壮年期に，最高の業績を上げられる領域が多いようで，老年期に最高の業績を上げる領域もあります。これは，上で述べた結晶性知能のなせるわざです。一方で，老人の知能低下に関連するいろいろな問題が，表面化してきています。次に，この点

表5.4 最高の業績を上げる年齢 (Lehman, 1953：山口，1979より)

1. 物的科学		交響楽	30～34	一般哲学	35～39	(アメリカ)	50～54
化　学	26～30	室内楽	35～39	計而上学	40～44	大統領(米国)	
数　学	30～34	管弦楽	35～39	教育学	35～39		55～59
物理学	30～34	グランドオペラ		経済学・政治学		アメリカ大使	
発　明	30～34		35～39		30～39		60～64
外科技術	30～39	歌謡曲	40～44	6. 造形美術		上院議員	60～64
地質学	35～39	音楽喜劇	40～44			大審院判事	
天文学	35～39	4. 文　　学		油　絵	32～36	(アメリカ)	70～74
		叙情詩	22～26	彫　刻	35～39	ローマ法皇	82～92
2. 生物科学		物語詩	25～29	現代建築	40～44	9. スポーツマン	
植物学	30～34	短　篇	30～40	7. 俳　　優		フットボール	
発生学	30～39	喜　劇	32～36	男俳優(最高給)			22～26
心理学	30～39	悲　劇	34～38		30～34	拳　闘	25～26
細菌学	35～39	小　説	40～44	女優(最高給)		野　球	27～28
生理学	35～39	散　文	41～45		23～27	テニス	25～29
病理学	35～39	5. 人文・社会科学		映画監督		ゴルフ	31～36
3. 音　　楽		倫理学	35～39		35～39	撞　球	31～36
声楽(独唱)	30～34	美　学	35～39	8. 各界指導者		射　撃	31～36
				大学総長			

について少しふれておきましょう。

●老人性痴呆

　痴呆状態の老人は，2000年に約156万人，2025年には313万人になると予想されています(大塚，1995)。2000年4月から公的介護保険制度が施行されましたが，介護や支援の必要な高齢者は，2000年で280万人，2025年には530万人になるそうです（厚生省老人保健福祉局，1998）。このデータから計算すると，介護を必要とする人のうち，痴呆症状を示す高齢者が，半分以上を占めることになります。このような点からも，シニアライフについて考える時，老人性痴呆の問題を避けて通るわけにはいきません。

　老人性痴呆とはどのようなものでしょうか。「いったん獲得した脳の機能が継続的に障害を起こし，記憶や判断・思考に支障をきたし，通常の社会生活で問題が出てくるような病的な状態（黒田，1998）」が高齢者に起こった場合，これを老人性痴呆といいます。生理的な老化現象による「ぼけ」とは，異なるものです。しかし，この「ぼけ」状態が進むと，老人性痴呆と区別がつきにくくなるため，実際には混同されていることが多いのです。

　老人性痴呆は，神経変性疾患による痴呆（アルツハイマー型痴呆など）と，

脳血管障害による痴呆（血管性痴呆）があります。**アルツハイマー型痴呆**の特徴は，しだいに痴呆症状が進行するようになることです。たとえば，会話の中で「そうですね」などのいわゆる相づちをうつことが多いので，表面的な会話では，あまり違和感が感じられないのです。本人も，知能低下を自覚していません。ただ，じっくり話してみると，不合理な点が多く，とても1人では社会生活を送ることができない状態です。現在のところ原因は分かっていませんが，老人斑の出現→アルツハイマー型神経原繊維の出現→神経細胞の極端な脱落のように徐々に進行していく特徴があります（宇野，1997）。そして，脳の萎縮が起こっています。他にも，脳の萎縮が起こる老人性痴呆に，**ピック病**があります。

　血管性痴呆は，脳出血と，脳の動脈が閉ざされてしまう脳梗塞に大きく分けることができます。アルツハイマー型痴呆などの神経変性疾患による痴呆と異なり，痴呆症状が急に現れます。また，能力（たとえば計算能力）が保たれているものと，能力（たとえば読み能力）が障害されているものとが同居している「まだら痴呆」がみられるといわれています。血管性痴呆では，脳のいたるところに血管障害があることがほとんどです。もともと，高血圧や糖尿病などの基礎疾患や危険因子をもっている人に脳血管障害が起こりやすいので，生活習慣病には若いうちから注意しておきたいものです。その他に，頭蓋骨と脳の間に出血が生じる慢性硬膜下血腫，甲状腺ホルモンが減少する甲状腺機能低下，感染症（脳梅毒，狂牛病のクロイツフェルト・ヤコブ病など）やエイズによる痴呆症状（エイズ脳症）などがあります（菊本，1999）。

●廃用性痴呆

　人体の組織や器官は，「さぼろう」とする癖があります。これは，限られたエネルギーを，効率よく使うためのメカニズムです。しかし，身体の組織や器官は，使わなければ機能が衰え，萎縮などの変化が生じてきます。これを廃用症候群とよんでいます（鎌田，1998）。このようなことが，脳の知的機能に関係した部分に起ると，廃用性痴呆になります。

　現役時代に仕事だけに打ち込んできた人は，「老後はのんびりと過ごしたい」とよく言います。しかし，ここに1つの落とし穴があるのです。それは，のんびりと何をするかです。残念なことに，仕事人間は，「趣味を楽しんだりして，

のんびり過ごす」ということが学習されていませんから，仕事を引退すると，ボーッとしていることしかできなくなります。こうなると，当然，脳の廃用性の変化が進むことになります。これがしだいに進み，社会生活に支障をきたすようになると，本格的な老人性痴呆の状態になってしまいます。高齢者に「年齢を考えなさい」と大事にし過ぎるのは，廃用症候群を起こさせないためにもタブーかもしれません。このような変化は，比較的ゆっくりと進むため，アルツハイマー型痴呆とよく間違われるようです（黒田，1998）。

> Q16：老年期のぼけや痴呆を予防するには，どうすればよいか考えてみましょう。

　老人性痴呆の診断基準としてもっとも広く利用されているのが，アメリカ精神医学会の診断基準（DSM-IV）です。この DSM-IV では，全体としての痴呆の診断基準は削除され，アルツハイマー型痴呆と血管性痴呆の診断基準が示されています。他にも WHO の作っている ICD-10 の診断基準などがあります。また，老人性痴呆の知的な面をみる方法には，MMS (Mini-Mental State examination) や，改訂型長谷川式痴呆評価スケールがおもに利用されています（今塩屋，1989）。

　「ゆたかなシニアライフ」を過ごすためには，青年期の今から準備をして，できることから実行していくことが必要でしょう。

注）厚生労働省では平成 16 年 12 月 24 日，「痴呆」に替わる用語に関する検討会において「認知症」が最も適当であるという結論を出しているが，まだ定着していないため本書では従来のまま「痴呆」を使用している。（編者）

推薦図書

- 『アイディアはいかにして生まれるか―これでキミも＜独創＞人間―』後藤尚久　1992　講談社
- 『ひらめき思考』（1・2巻）M. ガードナー／島田一男（訳）　1983　日経サイエンス社

6章 記憶と自己の関わり

　次のことばが何を指しているか考えてみましょう。その全体像がわかるでしょうか。
　暗記，忘却，手順，技能，知識，経験，証言，調整，思い出……

　実は，これらは，心理学において行われている記憶研究のトピックを日常のことばで表現したものなのです。暗記や忘却などは，みなさんも試験勉強などでよく実感（痛感？）したのではないでしょうか。けれども，その他になるとどうでしょう。「記憶」ということばと結びつかないものもあるのではないでしょうか。
　本章では，こうしたさまざまな側面から人の記憶の働きについて解説し，記憶というのは，単に試験勉強のためにあるのでなく，さまざまな側面から自分を支える重要な心の働きであるということを述べたいと思います。

1 記憶とは
2 記憶と自己の関わり

1 記憶とは

　日常のことばで「記憶」というと，覚えた内容を指すことが多いのですが，心理学では，過去経験（情報）を「覚えて」，後で「思い出す」過程全体を指します。定義としてはこれだけのことなのですが，少し考えれば，この定義が実はかなり広いものであることがわかります。たとえば，私たちの1日のはじまりを考えてみましょう。朝起きてテレビをつければ，そこから流れてくる日本語を自然に理解できます。これは日本語を覚えているからですね。また，身だしなみを整える手順なども思い出せるはずです（化粧など私から見ればとても複雑な手順のように思えますが）。その日の大まかな予定も思い出すことができるでしょう。たとえ予定を覚えていないとしても，カレンダーや手帳を見れば思い出せるということは覚えています。また，何か問題が起こった時，たとえば通学に使う自転車がパンクしていた時などには，自分で直す，近所の自転車屋に持っていく，歩いていくなどといった解決法もある程度思いつくでしょう。それが解決すれば学校にいくことができます。道順も覚えていますね。さらには，自分が誰であるかということも「覚えて」いるはずです。これらの活動は，どれもいろいろな意味での「過去経験を思い出すこと」なしでは成立し得ないものばかりであることがわかると思います。過去経験を記憶と言い換えてもよいでしょう。このように，記憶は実にさまざまな側面で働いているのです。
　では，まず記憶の過程からみていきましょう。

1 記憶の過程

　記憶の過程は，大きく記銘，保持，想起の3つの段階に分けられます。記憶は，まず記銘段階で「覚え」，保持段階で「覚え続け」，想起段階で「思い出す」ことを経て，過去の経験や情報を復元します。このことをワープロなどで文書を作る時にたとえると，記銘とは，作った文書をフロッピィなどに保存する動作に相当します。次に，保持とは，フロッピィに文書を保存している状態に当たります。最後に，想起とは，後日フロッピィから文書を探して呼び出す動作に相当します。

もちろん，各段階での働きをワープロにたとえただけなので，実際の人の記憶とは異なる点もあります。たとえば，人はあまりたくさんの情報を一度に記銘することはできません。また，何もしなければフロッピィは壊れないかぎり何年でも保存できますが，人の記憶ではそうはいきません。想起時には，人の記憶は文書の形でまとまっているとは限らないので，質問のされ方によって思い出せるかどうかが違ってくることもあります。たとえば，「憂鬱」という字を読めても書けないという人は多いことからわかるように，読み方と漢字の形態は分かれて記憶されているのです。

　ここで大切な点は，「きちんと思い出す」には，これら3つの段階をすべてうまく通過しないといけないということです。つまり，これらのうちどこかがうまくいかない時には「思い出せない」ということになるのです。さきのワープロの例でいえば，保存をせずに電源を切るとせっかく作った文書を消してしまうことになります。最近のワープロではそうならないようですが，それは自動保存しているにすぎません。また，フロッピィを水に濡らしたり，磁石を近づけたり，折ったりすると，保存されている情報が取り出せなくなるかもしれません。フロッピィの中にたくさんの文書を保存していたとしても，きちんと適切な文書を見つけられなければ意味がありません。このように，3つの段階のどこかに問題があると，保存した文書をもう1度呼び出すことはできなくなります。

　人の場合でも，試験などで勉強したことを思い出そうとする時，これら3段階をうまく通過した場合だけ，きちんと思い出せることになります。また，脳を，特にこれら3段階に関係する部位のいずれかを損傷した場合，記憶に障害がでることがあり，**健忘症**と呼ばれます。そして，障害の現れ方も，どの段階に関する部位を損傷するかによって異なってくることになります（3章2節参照）。

2　記憶の種類

●**感覚記憶，短期記憶，長期記憶**

　人の記憶は1つのタイプしかないのでしょうか，それとも異なる性質のものがあるのでしょうか。この問いに対し，現在広く受け入れられている仮説は，

人の記憶は，**感覚記憶，短期記憶，長期記憶**の3つの記憶システムでできているというものです（図6.1）。外界から入ってきた情報は，これらの記憶システムを次のように通っていくと考えられています。

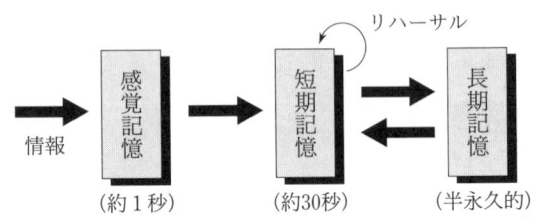

```
                            リハーサル
         ┌─────┐        ┌─────┐        ┌─────┐
  情報 → │感覚 │  →    │短期 │  ⇄    │長期 │
         │記憶 │        │記憶 │        │記憶 │
         └─────┘        └─────┘        └─────┘
         （約1秒）      （約30秒）     （半永久的）
```

図6.1　記憶の貯蔵モデル（Atkinson & Shiffrin, 1968）

　まず，外界からの情報は，感覚器官を通して入ってきます。この時，その情報は感覚記憶に保持されます。たとえば，視覚情報の場合，ぱっと目を閉じた時に見える残像がこれにあたります。そして，感覚記憶は1秒から数秒で減衰してしまいます。その間に，パターン認識など必要な処理が行われ，注意を向けた情報だけが次の短期記憶に送られます。

　短期記憶では，その名の通り約30秒以内の短い時間だけ保持されます。この間に，感覚記憶から送られてきた情報は音や形，意味の処理などを受けて，あるものは長期記憶に送られ，あるものは思考や判断などに利用され，またあるものは**リハーサル（復唱）**され，改めて短期記憶に送り込まれます。この短期記憶で行われていることをたとえると，次のようになります。大きな作業台を思い浮かべてください。ここには，次から次へと新しい情報が送り込まれてきます。そのため，古い情報はせいぜい30秒ほどで消えていくことになります。この作業台でする作業とは，1つは後ろに控える長期記憶に貯えやすいように情報を加工することです。もう1つは，一時的に保持した情報を利用して思考や判断などを行うことです。繰り上がりを覚えておきながら計算をしていく暗算や，英単語それぞれの意味を一時的に頭の中に思い浮かべておきながら全体の意味をつかもうとする英文の翻訳などがこれにあたります。もし，時間内に加工しきれない場合，あるいは重要な情報は，新しい情報としてもう1度作業台に送り込まれることになります（リハーサル）。このように，短期記憶といっても，実際には貯蔵だけでなく処理・加工を行う側面もあり，最近ではこの点を強調して**作業記憶**と呼ぶこともあります。

短期記憶には時間の限界だけでなく，容量の限界もあります。作業台の大きさが限られているので，同時に行える作業の量も限られます。ミラー(Miller)は，短期記憶の容量は7±2項目であると述べています。ここで7個というのは，単なる個数ではなく，単語や数字などのまとまりが7個であるという意味です。作業台でも整理して揃えて積み上げたり，まとめたりすれば，たくさんのものを作業台の上に置けることになります。

> Q 17：次の数字の並びを覚えるとしたら，あなたならどうやって覚えますか。
> 　　　365246060

　これに対して，長期記憶は，脳に損傷を受けるなど特別な事情がない限りは半永久的に保持され，容量も事実上無制限であると考えられています。たとえるならば，図書館の地下書庫などがぴったりするのではないかと思います。ただし，ここでは，記憶は必ずしも本のようにひとまとまりになっているわけではなく，ある程度バラバラに分けられて意味的情報に保持されており，相互に関連し整理されていると考えられています（3項参照）。長期記憶そのものは意識されることはなく，必要に応じて短期記憶として呼び出され，利用されます。この場合，短期記憶は図書館の貸し出しカウンターのような役割といえます。ただし，いくら半永久的といっても，バラバラになった断片をどこに貯蔵したかわからなくなることもありますし，探しているものの候補が複数見つかることもあります。

　短期記憶と長期記憶を区分することの根拠の1つとして，**系列位置効果**という現象があります。この系列位置効果は自由再生法という記憶測定で見られるものです。たとえば，「公園，禁止，電話…」というような，相互に関連のない簡単な単語10〜15語ぐらいを一定の速さで順に呈示し，全部呈示し終わった後，すぐに思い出した順に再生させます(直後再生条件)。すると，呈示系列の最初と最後に呈示した語の再生成績がよくなります。他方，すぐに再生させるのではなく，約30秒ほど簡単な計算問題などをさせた後再生させた場合(遅延再生条件)，系列の最初に呈示した語の再生成績はよくなりますが，最後に呈示した語の再生成績はよくありません (**図6.2**)。つまり，系列の最後に呈示した語は，すぐに再生するときにはそれをよく再生できるのに対して，30秒間隔が

図 6.2 系列位置効果

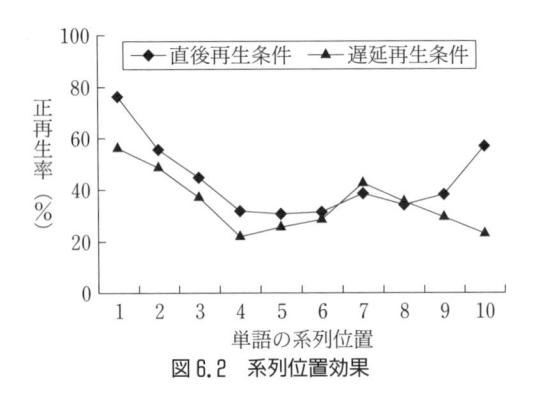

空くとあまり再生できなくなります。この違いは、この30秒の間に短期記憶に送られた語の情報が減衰したと考えればうまく説明できます。また、系列の最初に呈示した語は、どちらの条件でも長期記憶に送ることができたため、再生成績がよいと説明できます。

この他にも、短期記憶は損なわれていないが長期記憶が損なわれている脳損傷患者や、その逆に長期記憶は損なわれていないが短期記憶が損なわれている脳損傷患者が存在するという知見（Baddeley & Warrington, 1970 ; Shallice & Warrington, 1970）も、短期記憶と長期記憶が区分できるという根拠になります。

●**手続き的記憶と宣言的記憶**

長期記憶は、さらに**手続き的記憶**と**宣言的記憶**に区分することができます。手続き的記憶は自転車の乗り方やワープロでの印刷の仕方のような、一連の手順や技能の遂行に関する記憶です。他方、宣言的記憶はことばやイメージで表現できる事柄の記憶です。手続き的記憶には、熟達の度合いに応じて意識化の水準が変化するという特徴があります。具体的な例を挙げましょう。初めて自転車に乗る時には乗ることに集中して、動作のいろいろな点に注意をしなければなりませんが、だんだん上達するにつれてハンドルやスピードの加減には注意を払わなくてもよくなり、むしろ、道の状態や周囲の状況、信号など、より高度な判断のために注意を向けることができるようになります。

●**エピソード記憶と意味記憶**

さらには、宣言的記憶は、**エピソード記憶**と**意味記憶**に区分することができ

ます。エピソード記憶は「自分はいつどこで何をした」というような形で答えられる記憶であり，他方，意味記憶は辞書や教科書の定義のような形で答えられる記憶です。たとえば，自分の中学校の卒業式に関するその時のようすや天候，自分の感情や誰かの発言などの記憶はみなエピソード記憶であり，中学校の卒業式で行われる一般的な行事やようすなどの記憶は意味記憶です。意味記憶は知識と言い換えてもかまいません。

意味記憶は，最初は自分が経験した，あるいは人から聞いたり読んだりしたエピソード記憶だったものが蓄積され，しだいに一般的な事柄の記憶として形成されたと考えられます。また，エピソード記憶の中にも，自分の子どもの頃のエピソードのように，自分が直接経験した時の記憶というよりも，周囲から聞いた話がもとになっているものもあります。これらの区分も短期記憶／長期記憶の区分と同じく，脳損傷患者の研究から支持されています（Tulving, 1989）。

では，最後にもう1度記憶の種類を整理してみましょう（図6.3）。まず，記憶は感覚記憶，短期記憶，長期記憶に分けられます。長期記憶はさらに手続き的記憶と宣言的記憶に分けられ，さらに，宣言的記憶はエピソード記憶と意味記憶に分けられます。

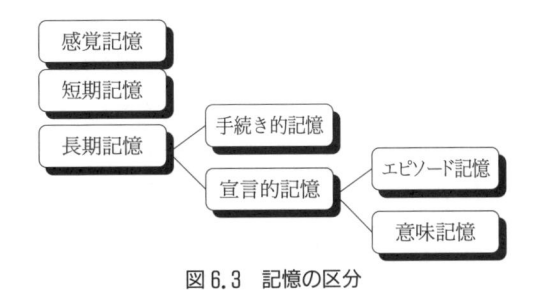

図6.3 記憶の区分

3 記憶印象の変容過程

みなさんは友だちと過去の出来事について話している時に，自分が記憶している印象と友だちが記憶している印象がまったく違っているという経験をしたことはありませんか。これはいつの時点で違いが生じたのでしょうか。このように，記憶は非常に変わりやすいものなのです。以下ではこの点について述べ

ていきましょう。

　上で述べたように，記憶は記銘，保持，想起の過程を経ますが，記憶はそれぞれの段階で変容する可能性があります。まず，記銘段階では，覚える内容そのものを意味的単位でバラバラにして，それぞれ関連するところに納めます。そのため，どのようにとらえるかによって記憶が異なってくることがあるのです。カーマイケルら (Carmichael et al., 1932) は，図形にどのようなラベルをつけるかによって，後に再生された図形が異なり，とくにラベルに近づいた形で再生されることを示しています (図6.4)。図形を見るのは記銘時のみなので，この違いはこの時点で生じると考えられます。

図6.4　ラベルづけによる記憶の変容
(Carmichael et al., 1932)

　次に，保持段階では，それ以前の記憶や以降の記憶が影響して，記憶が変容することがあります。ロフタスとパーマー (Loftus & Palmer, 1974) は，自動車事故の目撃者の証言について次のような実験を行いました。被験者は自動車事故のフィルムを見た後で，事故当時の車のスピードについて尋ねられました。その時，ある被験者のグループは「車が激突した時，どのくらいのスピードが出ていたか」という表現が用いられ，また別のグループは「車が当たった時，どのくらいのスピードが出ていたか」という表現が用いられました。もう1つの別のグループはこの点について尋ねられませんでした。この時のそれぞれのグループの回答の平均は，「激突」グループでは時速約16.9kmであったのに対し，「当たった」グループでは時速約12.9kmとなりました。また，1週間後，同じ被験者たちは，実際にはフィルムにはなかった「割れた窓ガラスを見たか」という質問を受けました。この問いに対して，「激突」グループでは32%がイエスと答えたのに対し，「当たった」グループでは14%，スピードに関して尋ねられなかったグループでは12%でした。以上の結果から，同じフィルムを見たにもかかわらず，目撃後に入ってきた情報に影響され，事故の激しさについての記憶や，見なかったものを見たという記憶が形成されていることがわかります。ただし，この実験結果の説明には異論も出ています (McCloskey & Zaragoza, 1985)。

最後に，想起段階では，結果を知ったあとで，初めからそう思っていたかのように記憶が変化することがあります。たとえば，プロ野球選手のイチローは，打率成績がよいことで有名です。彼の打率成績からは，通算すれば3回打席に立てば約1回くらいは打つという計算になります（厳密には打席と打数は違いますが，ここでは気にしないことにしましょう）。その彼がこれまで2打席凡退しているとしましょう。そして3打席目でも凡退した時には，「今日は不調だな」と初めからそう考えていたかのように思い，ここでヒットを打った時には，「さすがイチローだな」とやはり初めからそう考えていたかのように思うということはないでしょうか。さっきまで自分がどう考えていたかは忘れるとは思えないのですが，このように，結果に合わせて記憶がねじ曲げられることは日常生活の中でよく起こることです。このような傾向を**後知恵バイアス**といいます。バイアスには歪みという意味がありますが，人の思考のクセのことです。思考のクセは時には記憶までねじ曲げることがあるのです。

　以上のように，人の記憶は変わりやすいものであり，本来過去体験を「忠実に」再生するということのほうが特殊なことなのです。さらに進めると，本来すべての記憶は，過去体験に関して蓄えられている情報を，その場の状況に合わせて再構成するものであるといえるでしょう。

4　意味記憶（知識）の利用

　記憶は，必要な時に直接思い出して使用するだけではありません。その他の活動を支えるものとしても利用されています。たとえば，乗り物に乗る時について考えてみましょう。電車などに乗るためには，たいていあらかじめ目的地までの料金を払って，切符を買って乗るだけですみます。食堂の食券と同じですのでわかりやすいと思います。しかし，飛行機の場合，電車に乗るのとは少し違った手続きをとります。原則として，出発の時間の15分前までに搭乗手続きをすませておく必要があります。まるでホテルでのチェックインの手続きのようです。こうした手続きを知らなければ，空港に着いてからかなりとまどうのではないでしょうか。これにはわけがあって，飛行機は安全確保のため定員以上の客を乗せることができないことや，ハイジャックなどの防止のため，乗客の人数を厳密に数える必要があるのだそうです。こうした理由はともかく，

COLUMN 7

偽りの記憶

　ロフタスらが始めた目撃者証言に関する研究は，記憶がいかに変容しやすいかを明らかにしました。特に，目撃後に入ってきた情報によって，なかったものがあったというように，いわば「新しい記憶」がつくられるという点が重要です。このことをすすめると，一度も起きたことのない出来事に関する**偽りの記憶**を植え付けることも可能であると考えられます。

　実際ロフタスらは，この偽りの記憶についても研究を行っています。ロフタスらは，実験に参加した被験者の約1/4に「幼い頃ショッピングセンターで迷子になった」という記憶を，どの被験者にもこのような出来事が実際には起きていないことが確認されているにもかかわらず，植え付けることに成功しました。なかには，イメージがふくらみ，実験者が話していない出来事までも「思い出した」被験者もいたのです。また，実験を終えた後で，この話が実は作り話であることを伝えた後でも，被験者の何人かは「確かに迷子になったことを覚えている」と話しています。このように，外部からの情報や暗示によって，思ったよりも簡単に偽りの記憶をつくることができることが明らかになりました。

　そうすると，長い間思い出せなかったにもかかわらず，突然「思い出した」記憶で，しかも思い出す過程で，他者や他の情報源が関与しているものの中には，真実ではないもの，つまり偽りの記憶が含まれている可能性があるということになります。たとえば，現在の心の問題は幼児期に親から受けた虐待と抑圧された記憶が原因であるという主張があります。確かに，治療によってそのような抑圧された記憶を「思い出し」，治癒したという事例が数多く報告されています。でも，こうした「記憶」は偽りの記憶であるということはないのでしょうか。この疑問に対して，報告された事例の多くは答えていません。その「記憶」が真実であるのかどうかは十分には確かめられていないのです。治療者の中には，不快な体験は無意識に抑圧されるという理論を抱いている者もいるので，「思い出された」記憶には治療者の理論に沿った解釈が入り込んでいる可能性を否定できないのです。ただし，治療場面の枠の中では，患者の心の問題を解決させることが目的なので，治療者は患者が話すことに対しては共感的態度をとることが求められ，記憶の内容の真偽はとりあえず問う必要がないというのは述べておかなければならないでしょう（最終的には現実とのすりあわせが必要だと思います）。

　しかし，この「記憶」がひとたび治療場面の外に出ると話は別です。「記憶」の真実性が問われることが起こります。アメリカでは，催眠療法などを用いた心理療法を受けていた患者が，幼児期に受けた虐待の記憶を「思い出し」，親と裁判で争うことになったものの，調査の結果そのような事実はなく，最後には，「偽りの記憶を植え付けられた」として精神科医を逆に告訴するという裁判がいくつも起きています。そこまでいかなくても，親子関係が崩壊した例はもっと多くあります。日本ではまだここまで極端なものは

多くありませんが，最近では，児童虐待など**心的外傷（トラウマ）**を過度に強調する傾向がみられるようです。すべての「思い出した」幼児期の記憶が誤りであるというわけではありませんが，そうした可能性はつねに考えておかないといけないと思います。なお，ここでは「思い出された」記憶の正誤を取り上げているのであって，心的外傷の概念まで否定しようとしているのではないことは強調しておきたいと思います。心的外傷は，このような人的災害や，阪神大震災のような自然災害の後遺症としての**心的外傷後ストレス障害（PTSD）**を扱う上では重要な概念です（9章 column ⑩参照）。

　また，一見するとまったく別の話のように思えますが，「UFOによる誘拐体験」についての証言・記憶に関しても同様の疑問が提起されています。つまり，UFOに誘拐されたというのは偽りの記憶なのではないかと疑われている事例もあるのです。実際，このような証言には，偽りの記憶と同じような特徴がいくつかみられることがあります。たとえば，「誘拐体験」を思い出す過程でしばしば催眠療法が用いられていること，時が経つにつれ話が詳細になっていったり変化していったりすること，後から発表される「誘拐体験」ほど話がふくらんでいくこと，テレビや映画，小説などの影響が示唆されることなどです。もちろん，だからといってすべての「誘拐体験」が偽りであるかどうかはわかりません。でも，こうしてみていくと，UFOなどよりも人間の記憶のほうが神秘的であると思いませんか。

搭乗手続きをスムーズに行うためには，搭乗までの手順についての知識をもっておいて，適切に使えないといけません。このような一定の手順などに関する知識を**スクリプト**と呼びます。この他にスクリプトの例としては，銀行での振り込みやレストランでの食事などが挙げられます。ふだんは，人はいろいろなスクリプトをいろいろな場面で呼び出して使っているのです。

> Q18：ここで挙げた飛行機の搭乗手続きのように，初めての時には手順がわからず困ったことはありませんか。とくに，今ならスムーズに行えているものについて思い出してみましょう。

また，文章を読んで理解するときにも知識は利用されています。まずは，ブランスフォードとジョンソン（Bransford & Johnson, 1972）がつくった次の文章を読んでみてください（図6.5）。

> 手順は実際のところきわめて簡単である。まず，ものをいくつかのグループに分ける。もちろん，しなければならない量によってはひと山でも十分かもしれない。もし設備がなくてどこか他の場所に行かなければならないなら，それが次の段階となるが，そうでなければ準備完了である。大切なのはやりすぎないことである。つまり，一度に多くやりすぎるよりは少なすぎる方がましである。目先を考えればこのことは重要とは思えないかもしれないが，面倒なことになりかねないのである。失敗は高くつくことにもなる。最初は手順全体が複雑なものに思えるかもしれない。しかしすぐに生活の一面となるだろう。近い将来にこの仕事の必要性がなくなるということは予見しがたいが，それは誰にもわからない。手順が完了すると，ものを再びいくつかのグループに分けて整頓する。それからそれは適当な場所に収められる。結局は，それらのものはすべてもう一度使われるだろうし，そうするとすべてのサイクルを繰り返さなくてはならない。しかしながら，それは生活の一部なのである。

図6.5　あいまい文（Bransford & Johnson, 1972）

特にむずかしいことばがあるわけでもないにもかかわらず，何について書いてあるのか非常にわかりづらいと思います。では，この文章が「洗濯」について書いてあるということをふまえて，もう1度読んでみてください。すると，各文がそれぞれ何について書いてあるのかということが，よくわかったのではないでしょうか。

ふつうの文章は，文中に使われる単語から適切な既有知識を呼び出すことが

でき,その知識に対して各文の意味を位置づけていくことができます。しかし,この文章はそのようなことをしにくいよう,わざとふつうの言い方をせず遠回しの表現で文章を作っています。そのため,この文章が何について書いてあるかを知らない時には,適切な既有知識を用意できず,各文がバラバラになってしまいます。しかし,文章のタイトルが「洗濯」であるとわかると,洗濯に関する既有知識を用意することができ,各文の意味を関連づけることができたのです。このように,文章を理解する時にも知識は利用されているのです。

2 記憶と自己の関わり

以上みてきたように,記憶は,試験勉強のためだけのものではなく,さまざまな場面で過去の経験を活用するために作りあげられてきたものなのです。こうした働きからさらに派生して,記憶は,自分をコントロールする働きをもったり,現在の自分を支えるために利用されています。以下では,この2点についてみていきましょう。

1 メタ認知

たとえば,講義を聴いている時に,あなたは何をしているでしょうか。暗記をすればよいというものではないと思いますが,せっかく聴いたものを忘れてしまってもいけません。そのために,先生が話したことをノートに書き残したりするのではないでしょうか。他方で,よく知っている事柄なら聞き流しているかもしれません。では,この時,なぜ「ノートに書き残せばよい」と思っているのでしょう。また,「よく知っている」となぜわかるのでしょう。逆に,もしすべて1度で覚えることができると考えて,何ひとつノートにとらなかったらどうなるでしょう。あるいは,このようなことをしないで,なんでもノートにとろうとするとどうなるでしょう。考えてみると,このような判断は,覚えるべきことを覚えられるように,あるいは覚える必要がないことに労力を割かないようにするために,有効であるといえるでしょう。すなわち,こうした認知活動はよりよく記憶するために行われており,いわば記憶を管理しているといえます。こうした記憶を管理する働きは**メタ記憶**と呼ばれます。メタとは「上

位の」という意味です。記憶を野球選手とするならば，メタ記憶は選手をまとめる監督のようなものです。監督は，試合そのものには出ませんが，選手の力量を活用し，うまく試合を進めることが彼／彼女の仕事になります。具体的には，自分のチームや相手チームの選手の調子などを把握し，選手交代や戦い方（送りバントや敬遠など）を決定します。同じように記憶においても，メタ記憶が十分に働いていれば，現在の記憶の状態を把握し，その場に最適な記憶の仕方を決定できるでしょう。メタ記憶の働きによって，記憶の能力を十分に活かすことができるようになると思います。

> **Q19**：2004年の夏季オリンピックの開催地はアテネでしたが，その前はどこだったでしょう。また，その前は？

　この問いに答えようとする時，多少なりとも「思い出せそうなのに思い出せない」という状態になったのではないでしょうか。そして名前を聞けば「ああ，そうそう」と，思い当たりませんでしたか。これが **TOT**（のどまで出かかっている）**状態**です。考えてみれば，このTOT状態というのは不思議な状態です。なぜなら，答えを思い出せていないのに，思い出せそうということだけはわかるからです。わかるのならさっさと思い出せばよいと思いませんか。TOT状態は，メタ記憶を仮定することでうまく説明できる現象の1つです。記憶そのものはまだ答えを「思い出せない」と回答しているのに対し，メタ記憶が「覚えているはず」と回答するために，両者のズレが生じている状態だと考えられます。

　メタ記憶は，計画を立てる時や，考えたり推測したりする時，判断する時など，記憶が使われる場面であればいつでも働きます。そして，その場面ごとにさまざまな認知活動を行います。そこで，この活動が認知活動全般を監視・調整する場合には，**メタ認知**と呼ばれることもあります。

　たとえば，あなたのクラスに好きな異性がいたとして，あなたはどうやってデートに誘い出すか考えてみてください。その彼／彼女の趣味を調べたりするかもしれませんね。また，話を切り出すきっかけを，友だちを通して作ってもらおうとするかもしれません。その前に，毎日の身だしなみや言動に，いっそう気を使うようになるのではないでしょうか。こうした一連の活動の中には，現状を把握し，目標に近づいているかを判断するための監視活動（情報収集）

と，目標に着実に近づけるための調整活動（作戦実行）とがあります。たとえば，さきほどの「よく知っているかどうかの判断」は監視活動の1つですし，「ノートに書き写せばよい」というのは調整活動の1つです。この両活動がかみ合って初めて，目標に導くことができます。さて，あなたはどうでしょう。メタ認知をうまく働かせていますか。

2 思い出の役割

　みなさんは幼い頃の自分の写真をもっていると思います。しかし，考えてみて下さい。その写真に写っているのは本当に自分ですか？背の高さなど外見のみならず，知識や考え方など内面もかなり変わっているはずです。また体のほとんどの細胞は，その頃とはすっかり入れ替わっているはずです。それでもそれは自分だといえますか。いえるとするなら何が確信の根拠となるのでしょうか？その答えの1つは記憶だと思います。自分がかつて経験した出来事を覚えている，思い出せるということが，幼い頃の自分と現在の自分をつなげる証しとなるのではないでしょうか。もし，こうした思い出がまったくない場合，極端には昨日自分が何をしていたかすら思い出せない場合，現在の自分が何者なのかということに対する支えがなくなってしまうでしょう。このように，記憶は自己を支える働きをもっているとも考えることができます。

　このような観点から，思い出の役割について少し考えてみましょう。みなさんは，年をとるとよく昔の頃を思い出すようになるということを，身近な高齢者に接して経験したこと，あるいは聞いたことがあるのではないでしょうか（この「高齢者―回顧傾向」は必ずしも正しくないということが，これまでの研究から明らかになっています）。「高齢者―回顧傾向」は，しばしば次のような理由によって説明されることがあります。年をとると新しいことが覚えられなくなるから，年をとると過去にしがみついて生きるようになるから，年をとると子どもに返るから……と。でも，これらの説明は，いずれも加齢に対する否定的な思いこみに基づいていることに，みなさんは気づいたでしょうか。このような否定的な思いこみが生じる理由は，高齢者の昔話は，何度も同じような話が繰り返されるので，聞いている側からすれば価値があるようには思えないからでしょう。「ああ，またか」と思えば，否定的にとらえてしまうのも仕方がな

いことかもしれません。しかし，この説明は正しいでしょうか。

　確かに，高齢者の思い出す話の内容に着目すれば，上のような解釈になるかもしれませんが，思い出すという行為に着目すれば別の解釈ができます。思い出には自己を支える働きがあるという観点から考えてみましょう。高齢者がかつて元気だった子どもの頃や活躍していた働き盛りの頃を思い出すことは，自信をとりもどし，自分の自尊感情を高める働きがあると考えられます。また，たとえば昔の祭りを直接知っている貴重な経験者として，あるいは孫などに昔の生活を語り楽しませる情報伝達者として，人の役に立つという実感は何よりうれしいものです。このような有用感も自尊感情を高めると考えられます。さらには，自分の人生を振り返ることは，自我を統合し，死をも受け入れる準備をするという，老年期の**発達課題**の達成につながります（エリクソン）。このように，高齢者にとって思い出すという活動は，単に何かを思い出すということ以上に，思い出す行為それ自体に意味があると考えることができます。ただし，思い出すことがいつもよい効果をもたらすとは限りません。失敗ややり残したことなどをしばしば思い出す場合，うつ病をうながすなどよくない効果をもたらすこともあります。しかし，昔のことを思い出すことは，概して心身の健康や適応においてよい効果をもたらすことが多いため，医療や福祉の現場では**回想法**として広まりつつあります。

　もちろん，思い出は高齢者のためだけにあるのではありません。みなさんだって，いろいろな思い出をもっているはずです。また，記念のものをいろいろもっているはずです。落ち込んだりした時によく思い出す「定番」の思い出もきっといくつかあるのではないでしょうか。過去を思い出すことで，現在の自分，ひいては未来の自分を支えているといえるでしょう。

　さあ，みなさん，考えてみてください。この章を読み終えた今，あなたにとって記憶とは何でしょうか。どのような時に，どのようなことのために記憶を使いますか。記憶をうまく活用していますか。

===== 推薦図書 =====

- 『記憶』（認知心理学2）　高野陽太郎　1995　東京大学出版会
- 『間違いだらけの学習論―なぜ勉強が身につかないか』　西林克彦　1994　新曜社

- 『回想法―思い出話が老化をふせぐ』　矢部久美子　1998　河出書房新社
- 『特集記憶のふしぎさ』（教育と医学，42(11)）　教育と医学の会　1994　慶應通信

7章 相互理解を図るコミュニケーション

　親やきょうだい，友だち，恋人あるいは夫婦，職場の同僚や上司など，私たちのまわりにはさまざまな人間関係があります。このような複雑な人間関係を円滑に維持するためには他者と意思の疎通を行うこと，すなわちコミュニケーションの働きが重要となってきます。コミュニケーションとは広い概念ですが，なんらかの手段を用いて他者と情報を交換することをさしています。その主たる手段はことばや文字であり，現代社会は，言語によるコミュニケーションを基礎にして成り立っているといえます。しかし，日常の会話場面を考えてみても，私たちは音声言語のみによりメッセージを伝達し合っているわけではなく，互いの表情や声の調子，身体の微妙な動きなどを通して相手のメッセージを読みとっています。その意味では，ことばはコミュニケーション機能の一側面にすぎません。このことは，まだことばを理解していない新生児や乳児の場合を考えると明らかだと思います。前提として他者と共有された世界が構成されていることが重要な意味をもっています。本章では，このコミュニケーションとことば，あるいは他人を理解することについて考えてみたいと思います。

1　コミュニケーションとことば
2　ことばの機能
3　相互理解を図るコミュニケーション

1 コミュニケーションとことば

1 コミュニケーションの発達

　私たち大人どうしのコミュニケーションでは，人はある意図をもち，相手の状態を考慮してメッセージを発信，伝達しています。また，メッセージの受け手は伝達されたメッセージの内容や発信者の意図を解釈することで互いに共通した理解をもっています。しかし，生まれた時からこのようなことができるわけではありません。では，コミュニケーションはどのような形で発達してくるのでしょうか。荻野（1997）は，コミュニケーションの発達において3つの水準を提起しています。

●発達初期の大人に依存したコミュニケーション

　大人が子どもの表出行動（泣き，微笑など）の中に意識や心らしきものの存在を読みとり，意味づけることを通して，コミュニケーションが成立するというものです。もちろん，子どもの表出行動にメッセージ伝達の意図は認められません。その意味では，発達初期のコミュニケーションは，大人によって作り出された擬似的コミュニケーションといえます。しかし，その中には後の基礎となるやり取りパターンや情動的交流が含まれています。

●道具的コミュニケーション

　生後1年目の後半になると，欲しいおもちゃを見つけた乳児が，母親の顔と欲しいおもちゃを交互に見て訴えるようにぐずり泣いたり，ぐずっても母親が応じなければ，さらに大きな声で泣くといったことがあります。このように，ある欲求を満たすために，意図的に行動や音声を手段として用いる**非言語的コミュニケーション**の形態を**道具的コミュニケーション**と呼びます。

●他者表象を伴う目的志向的コミュニケーション

　他者の考えなど心の状態を理解した上でなされる真の意味でのコミュニケーションの形態といえます。言語獲得の後，幼児期から児童期になると，相手の内的過程を想定した上で，それに影響を与えるメッセージを発信できるようになります（**言語的コミュニケーション**の始まり）。また，ことばを用いて他者と

の関係を調整したり，「からかい」「うそ」「ごっこ」などの多重的メッセージを伝達する，あるいは発話の訂正（言い直し）などが可能になります。

2 愛着（アタッチメント）の発達

　子どもが，コミュニケーションを発達させていく上で，養育者との関わりを通してまわりの人と仲よしになり，**情動的交流**を形成していくことは重要です。この養育者（親）との関わりの中で形づくられる心の絆を**愛着（アタッチメント）**といいます。愛着の形成は，子どもが言語を獲得する重要な基盤となります。ボウルビー（Bowlby, 1969）は親子の間で愛着行動が形成され，心の絆としての愛着関係へと発達していくようすを以下のように示しています。

①非弁別的な社会的反応性の段階（0～1，2か月）：この時期，子どもはまだ母親（養育者）と他の人を区別しておらず，人の声や顔全体に対して，注視などの定位行動，微笑，発声，泣きなどの発信行動が見られます。スピッツの「3か月微笑」の時期にあたります。

②弁別的な社会的反応性の段階（2，3～6か月）：人見知り（「8か月不安」）の始まる時期にあたり，特定の相手（養育者）に対して，他の人と区別した積極的な微笑や発声，泣きなどの発信行動をするようになります。

③能動的主導性による近接と接触の段階（6，7か月～1，2歳）：発信行動に加え，はいはいや歩行による後追い，抱きつきなどの能動的な身体接触行動が現れます。母親をはっきりと愛着の対象とし，積極的な愛着行動や分離不安を示すとともに，母親を**安全の基地**として探索行動をするようになります。

④目標修正的なパートナーシップの段階（3歳～）：子どもは安全基地としての母親を内面化することで，安心して母親から離れ，他の子どもと遊ぶことができるようになります。愛着対象も母親だけでなく他の人へと広がりを示していきます。それに合わせて身体的接触などの具体的な愛着行動はむしろ減少していきます。

　ところで，子どもはみんな同じように愛着を形成するわけではありません。エインズワースら（Ainsworth et al., 1978）は，**ストレンジ・シチュエーション法**を開発して愛着の個人差を検討しています。ストレンジ・シチュエーショ

7章　相互理解を図るコミュニケーション

①実験者が母(父)親と子どもを部屋へ案内し、座る場所などを指示します（30秒）。	⑤1回目の親子再会で、母(父)親が入室し、女性は退室します（3分）。
②母(父)親は椅子に座り、子どもはおもちゃなどで遊びます（3分）。	⑥2回目の親子分離で、母(父)親は退室し、子どものみ部屋に残ります（3分ですが、子どもがつらい場合は短縮されます）。
③初めて会う女性が入室し、椅子に座ります（3分）。	⑦先ほどの女性が入室し、子どもの相手となります（3分ですが、子どもがつらい場合は短縮されます）。
④最初の親子分離で、母(父)親は退室しますが、子どもはそのまま残り、その女性が子どもに近づきます（3分ですが、子どもがつらい場合は短縮されます）。	⑧2回目の親子再会で、母(父)親が入室し、その女性は退室します（3分）。

図7.1　エインズワースのストレンジ・シチュエーション法（数井, 1998より）

ン法は図7.1に示すように8つの場面からなり、12～18か月児に短時間の親子分離と親子再会を経験させます。そして、主として親子の再会場面で子どもがどのような行動をとるかによって母子間で形成されている愛着の状態を判定するものです。観察された子どもの反応は、表7.1に示すように3つのタイプ（**回避型，安定型，アンビバレント型**）に分類されています。

　ボウルビーやエインズワースらの愛着理論は、コミュニケーションの発達にとって重要な視点を含んでいます。まず、子どもの反応に対する養育者の感受性や応答性、あるいは子ども自身の気質的特徴の違いが、親子の相互作用のあり方、ひいては愛着の型を規定していくと考えている点です。しかし、表に示した愛着の型は単純に適応、不適応ととらえるべきではありません。それらは、養育者との親和関係を維持するという観点からみた場合、養育環境の性質に合わせてとられた適応的ストラテジーの違いとみなされるものです（遠藤, 1997）。また、子どもは養育者（親）との関わりをもとに、基本的な人間観とも

表7.1 親の子どもへの関わり方の特徴と子どもの愛着状態（数井，1998）

親の子どもへの関わり方の特徴	子どもの愛着
子どもからの働きかけに対して，拒否的である。また，子どもが甘えたい，遊んでほしいというシグナルを出しても，そのような行動そのものを嫌う傾向がある。向き合ってほほえんだり，だっこなどの身体的接触もほとんどしない。また，子どもの行動をコントロールしようとする。	回避型（A型） ・親を安全の基地として利用しない ・怒りなどの感情をもっているが押さえ込む ・親を求めないことで親との関係が一定している
子どもの欲求や変化に対して敏感であり，適切に働きかける。子どもに対して干渉しすぎないし，必要に応じて関わる度合いを柔軟に変化させる。また，肯定的な感情を共有し，子どもとのやりとりや，だっこなどの身体的な接触などを楽しんでいる。子どもにとって，安全の基地として機能しており，利用可能な親として位置づけられている。	安定型（B型） ・安定している／自分から親へ関わる ・感情状態が落ち着いている ・親を安全の基地として利用できる ・基本的な安心感を得ている
子どもに対してあまり一貫的ではない態度である。特に子どもが出すさまざまなシグナルへの対応が，親の気分や状態に左右される。子どもが同じシグナルを出しても，それが別の時では異なった反応となって返ってくる。また，タイミングがずれて応答したりするので，子どもは親が次はどのような関わりをするのか，読むことが難しい。	アンビバレント型（C型） ・行動や感情が不安定 ・親は安全の基地になりきれない ・親の動向に対してアンテナをはっているので，自由に探索行動がとりにくい

呼べるような自己や他者についての認識の枠組みを形成していくと考えている点です。これを**内的作業モデル**といいます。それらは乳幼児期のみならず形を変え，生涯を通じて存続するものと仮定されています。その意味で，愛着の形成は，私たちが自分自身や他者を含めた基本的な人間観（信頼感）を発達させる基盤ともなります。

Q20：養育者との情緒的交流は，子どもの発達にとってどのような意味をもつと考えられるでしょうか。

3 言語の獲得

子どもが本格的に話し始めるのは1歳半ば頃からですが，それまでに養育者との情動的交流や認知的発達をもとに，ことばの発達を準備するさまざまな機能ができあがっていきます。生後1か月頃から，子どもは気持ちのよい状態の時，泣き声や叫び声とは異なる声帯を振動させる発声を行うようになります。これを**喃語**（babbling）といいます。6〜8か月になると，「ばばばば」など同

じ音声を繰り返す**反復喃語**が認められ，子どもは喃語を用いて活発に外界に働きかけるようになります。子どもが発することができる音声の種類も広がりをもち，同時に大人が発する音声を区別する能力も発達してきます。

しかし，喃語は指示的機能をもたない無意味音声であり，文化にかかわらず子どもは同じような音声を発声します。その意味で，喃語期は子どもが将来言語社会に入っていくための音声的準備期間といえます。

9〜10か月頃から，子どもは親のことばを理解し始めます。また，親との**やりとり遊び**を楽しんだり，親のことばを模倣しようとしたりします。**指さし**（pointing）が現れるのもこの頃です。

1歳頃から，子どもは初めて意味のある，特定の音声が特定の対象と結びついて使用されることばを使い始めるようになります。これを**初語**（first words）といいます。初語には，喃語に起源をもつものと成人語に起源をもつものとがあります（綿巻，1993）。しかし，その時期では語彙が限られており，子どもは意味のあることばだけでなく無意味音声もよくしゃべります。また，1歳代の発話のほとんどは**1語発話**の形式をとります。外形は1単語でありながら機能的には1つの文を表現しているという意味で**1語文**とも呼ばれます。1語発話は，その状況によりさまざまな表現内容をもっています（図7.2）。

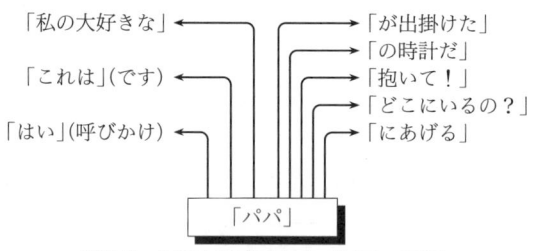

```
「私の大好きな」───→  ┌─→「が出掛けた」
                       ├─→「の時計だ」
「これは」(です)───→   ├─→「抱いて！」
                       ├─→「どこにいるの？」
「はい」(呼びかけ)──→  └─→「にあげる」
              ┌─────────┐
              │ 「パパ」 │
              └─────────┘
```

図7.2　1語文が表すもの（村田，1973）

1歳後半から2歳になり，**ごっこ遊び**や**延滞模倣**など**象徴機能**が形成されてくると，発話語彙数も急激に増加してきます。また，子どもは2語，3語をならべて表現するようになります。これを**2語発話**もしくは**2語文**と言います。初期の段階では助詞や助動詞などが欠如しており**電報体文**と呼ばれたりします。しかし，その意味や内容は1語発話と同様に多彩であり（表7.2），獲得される言語の違いを越えて共通性が認められることが指摘されています（綿巻，

表7.2 子どもの2語文における基本的意味 (Brown, 1973, 矢野・落合 1991 より)

文法機能	意味	例
指名	周囲のものの中からあるものを指名して、それに注意をうながす。	"That car."（「あれ・自動車」）
再現	人物、過程、ものについて論評したり、再現を要求したりする。	"More candy."（「もっと・あめ」）
不在	現在の文脈のもとでは、ある対象や存在物が不在であることを表現する。	"Sun gone." "All gone egg."（「お日さま・行っちゃった」「全部行っちゃった・卵」）
動作主と行為	ある人やあるものが、行為をすることを表す。	"Mammy go."（「ママ・行く」）
行為と対象	ある人やものが、状況の変化をうけたり、行為の力をうけることを表す	"Push car."（「車・押す」）
動作主と対象	行為の動作主と行為の対象の意味関係を、行為それ自体に限定しないで表す。大人の話しことばとは類似しない。	"Daddy ball."（「パパ・ボール」）（パパがボールに何かをしている時に）
行為と位置	ある行為が、特別の場で起きることを表す。	"Write paper."（「書く・紙」）
存在物と位置	ある人やものが、特別の場に存在することを表す。	"Lady home."（「女の人・おうち」）
所有者と所有	ある物体が、ある人に属していることを表す。	"Daddy chair."（「パパ・椅子」）
存在物と属性	あるものが特別の属性をもつことを表す。	"Little dog."（「小さい・イヌ」）
指示詞と存在物	ある特定の存在物をさし示す。	"That truck."（「あの・トラック」）

1993）。母国語の語順など文法の獲得は2歳頃から形成されていきます。

4 言語獲得の諸相

　ことばを獲得するためには何が必要でしょうか。まず、大人の発する音声を聞き分け、自らも母国語の音素体系にあった音声を発することができなければなりません。他者と音声を共有することが必要となります。また、音声を対象を指し示すために用いるという**象徴機能**を理解しなければなりません。さらに、母国語のもつ文法体系（統語規則）を学習することが必要となります。以下では、この3つの側面について考えてみましょう。

　ことばを獲得する以前の**やりとり遊びや指さし、ごっこ遊び**などには、ことばによる対話にみられる機能と類似した条件が動作的表現で備わっています

（岡本，1982）。たとえば，やりとり遊びや指さしには，「自分とモノと他者（養育者）」という３者が相互に関連をもつ関係，すなわち**３項関係**が含まれています。３項関係は生後半年頃からみられる親と子どもが同じものを見て視線を共有する**共同注意**にその起源をみることができます。９〜10か月頃になると，３項関係はやりとり遊びを通じて，養育者とおもちゃなどの物や行動，さらには音声を共有，交換することへと発達していきます。共有される動作や音声は，意図的シグナルとして道具的コミュニケーションにも用いられるようになります。一方，指さしには，相手にメッセージを伝えようとする働きがみられる点に加え，象徴機能の始まりをみることができます。

　象徴機能は，１歳後半から２歳頃にその基礎が形成されてきます。これを子どものごっこ遊びを例に考えてみましょう。子どものごっこ遊びは本当に不思議でさまざまな見立てをしています。皆さんの中にも，幼い頃に積み木で電車ごっこをしたことのある人がおられるのではないでしょうか。

　まず，電車と積み木とは，形は似ていますが本来何の関係もありません。別の子どもが，その積み木を耳にあて，「もしもし」といえば，それは電話にもなります。ここで，電車や電話など表現されている対象を**所記**（意味されるもの）といい，電車や電話を表現しているもの，この場合積み木を**能記**（意味するもの）といいます。象徴機能とは，本来無関係な所記と能記とを個人が主体的に意味づけることで**恣意的関係**を作りだす働きをさしています。

　また，ごっこ遊びでは目の前に電車や電話がなくても，それらを頭の中でイメージすることで目の前の現実世界を越えて自由に積み木（能記）を操り，遊ぶことができます。このように，目の前にないものを頭の中に描くことを**表象**といいます。私たちのことばには，子どものごっこ遊びと同様，目の前にない対象をイメージし，それを音声で表現するという特性が含まれています。しかし，ことばでは，詩や比喩（たとえ）などの文学的表現の場合を除き，まったく自由に対象を表現してよいわけではなく，社会によって共通に維持されている**規約性**を併せもつという特性があります。たとえば，「犬」は「イ・ヌ」というように決まっています。その意味で，言語は**シンボル（象徴）**の特殊な形態，すなわち**サイン**と考えられています。

　岡本（1982）は「ニャンニャン」という喃語の有意味化過程を通じて，この

表 7.3 「ニャンニャン」の記号化過程（岡本，1982）

段階	CA 年月	N児の「発声」と（対象または状況）
1	0：7	「ニャンニャン」「ニャーン」（快的状態での喃語）
2	0：8	「ニャンニャン」「ナンナン」（珍しいものやうれしいものを見つけて喜んで）（種々の対象に対して）
3	0：9	「ニャンニャン」　　　　　　（桃太郎絵本の白犬）←（白毛の玩具のスピッツ）
4	0：10 0：11 1：0	「ニャンニャン」　　　（動物のスピッツ）　　　　（白毛のパフ）→（紐のふさ（黒）） 　　　　　　　　　　　　　　　　　　　　　　　　↓ （猫）←（犬一般）　　　　　　　　　　　（白い毛糸・毛布）→（白い壁） 　　　（虎）（ライオン）（白熊）　　　（白毛のついた靴）
5	1：1 1：2 1：4 1：5 1：6	「ナーン」（猫）「ナンナン」（犬） 「モー」（牛） 「ドン」（自宅の犬の名ロン） 「ゾー」（象） 「バンビンチャン」（バンビー） 「ウンマ」（馬） 「グンチャン」（熊）
6	1：7 1：8	「クロニャンニャン」（黒白ブチの犬）　　　「ニャンニャングック」（白毛の靴） 「ネコ」（猫）「ワンワン」（犬） 「オーキニャンニャン」（大きい白犬） 「クマニャンニャン」　　　　　　　　　　「ニャンニャンチョッキ」 　　　　　　（ぬいぐるみの熊）　　　　　　　　　　（白毛糸のチョッキ） 「シュピッツ」（実物のスピッツ） ブチ（近所のスピッツの名）
7	1：9 1：10 1：11	「ブチノヤネブチニアゲルワ」 　　　　　（ブチのだからブチにやろう―白毛の靴を持って） 「ワンワンデショウ」（戸外の犬の鳴声を聞いて） 「オーキイワンワンワンワンユワヘンワ」（大きい犬が鳴かずに通るのを見て） （隣人よりケーキをもらって）　　　　　（絵本のロバをさして） N児「ダレガクレタノ？」　　　　　　　N児「コレ　ナニウマ？」 母　「しのはらさん」　　　　　　　　　母　「ろばさん」 N児「ワンワンイルシノハラサン？」　　N児「ロバウマ？」

音声の記号化過程を検討しています（表 7.3）。その結果，興味深い知見が得られています。第 1 に，子どもの言語獲得の過程は個人的な象徴化過程を経て，

言語の規約性を獲得していくという点です。その過程で，自発的には「ニャンニャン」を使用しながらも，大人が用いる「ワンワン」を同時に理解している時期（第3段階）が存在しています。第2に，発話語彙数が増加する時期に「ニャンニャン」の適応範囲が縮小し始めますが，その背景として，少数の音声の繰り返しによって音声と外界の対象との対応関係の学習が進み，「言語的構え」が形成される点を強調しています。

ところで，語と対象の指示関係が本質的に曖昧であるならば，新奇な事物（たとえば耳の長い白い小型の動物）に名称（ガヴァガーイ）が与えられた場合（Quine, 1960），考慮しなければならない語の意味の仮説の数は膨大となるはずです。マークマン（Markman, 1992）らの制約論では，これを限定するための規則を子どもはもっていると考えます。代表的な「制約」に以下の3つがあります。

① **事物全体制約**：未知のことばを聞いた時，子どもはそれを事物の部分や属性としてではなく，事物の全体を指示していると考えるものです。たとえば，「ガヴァガーイ」は耳や白さを表すのではなく，それらの属性を備えた「ウサギ」を表すと理解されます。

② **カテゴリー（分類学的）制約**：子どもがあることばを聞いた時，それを固有名詞としてではなく普通名詞と解釈して，その事物が属するカテゴリーの他のメンバーにも同じ名称を適応するものです。たとえば，子どもは別のウサギを見た時にもそれを「ガヴァガーイ」と理解します。

③ **相互排他性**：一度あるカテゴリーに名称が付されると，別の名称では呼ばれず，一つの事物は一つの名前しかもたないと解釈するものです。たとえば，子どもは既知のものと未知のものがある時，「ガヴァガーイ」という名称を聞くと，それは未知のものをさしていると理解します。

文法（統語規則）の獲得についてはどうでしょうか。チョムスキー（Chomsky, N.）は，人には**言語獲得装置**（Language Acquisition Device；LAD）が生得的に組み込まれており，それが特定の言語環境におかれると作動すると考えています。文法の獲得に訓練や強化，模倣が果たす役割は小さいようです。しかし，言語を獲得し，それを自由に操作するためには，生得的な仕組みとしてのLADが備わっていると同時に，前言語的なコミュニケーション行動による周囲

の人々とのやりとりが必要だといえます。

　日本語の場合，文法獲得を表す目印の1つに**助詞**の習得があります。子どもは，自分と相手との関係や自分の態度や意思を表すための終助詞の使用が最も早く，語彙が急増する1歳後半以前から使われ始めます。事象の認知的，論理的意味を表現する接続助詞や格助詞がこれに続きます。幼児期の後期までには，ほとんどの助詞を習得していきますが，「は」と「が」の違いなど，児童期に入っても習得のむずかしい助詞もあります。

2　ことばの機能

　ことばの働きには主として，(1)コミュニケーション（情報・意思の伝達）の道具，(2)思考の道具，(3)行動の調節，の3つの働きがあります。

1　会話行動の発達－ことばを支える認知機能－

　幼児期に入ると子どもの対人世界は広がりをみせ，仲よしの友だちと遊ぶようになります。遊びという共有された世界の中で，いろいろと質問をしたり，ことばの使い方や意味を理解していきます。岡本（1985）は，この時期の子どもの言語活動の特徴として，目の前にいる特定の人とことばのやりとりをする対面対話的関係の中で展開する点を挙げ，**1次的ことば**と呼び，また一方，学校教育の影響のもとに，児童期以降に発達することばを**2次的ことば**と呼び，両者を区別しています（**表7.4**）。しかし，両者は児童期以降においても重層性をもち，相互に関係し影響し合いながら，言語活動を生み出していくという特徴をもっています。

　ところで，会話が成り立つためには，自分が発話を作り出すだけでなく，相

表7.4　1次的ことばと2次的ことばの特徴（岡本，1985）

コミュニケーションの形態	1次的ことば	2次的ことば
状　　況	具体的現実場面	現実を離れた場面
成立の文脈	ことばプラス状況文脈	ことばの文脈
対　　象	少数の親しい特定者	不特定の一般者
展　　開	会話式の相互交渉	一方向的自己設計
媒　　体	話しことば	話しことば 書きことば

手の発話の意味を理解し，発話を返すことができなければなりません。グライス（Grice, 1975）は，会話を成り立たせるための原理として，(1)必要十分な情報を提供する，(2)真実を述べる，(3)相手の発話に関係のあることを言う，(4)簡潔で秩序だった表現をする，の４つを挙げています。そして，これらの原理に従うことで，会話の過程で参加者が合意している会話の目的を達成し，方向を維持できると考えています。

　グライスの原理は，言語的コミュニケーションにおける非言語的知識や話し手の発話文脈から発話意図を推論することの重点性を示すものといえます。たとえば，発話の中には意図が字句通りに受け取れないもの（皮肉や冗談など）や間接的要求行為があります。デートをしている時，相手が「疲れたね」と言ったとしましょう。あなたは，どう答えますか。「そう？　全然」と事実を答えますか。相手のメッセージは，「座ってお茶しない」，「つまらないからもう帰ろう」という意味かもしれません。このように，話し手の発話文脈からメッセージに含まれる意図を推論するためには，日常的行動についての一般的知識に加え，他者の立場に立って考える**役割取得能力**が関連しています（内田，1999）。私たち大人の場合でも，相手の発話意図を読み誤ると，話し手と聞き手との間でメッセージが共有されず，思わぬ誤解や勘違いによりトラブルが生じてしまうこともあります。

　また，発話の内容と発話の声の調子（ピッチ）が呼応していないとき，発話意図を汲み取ることがむずかしくなる現象を**ダブル・バインディング**（二重拘束）といいます。たとえば，肯定的な内容を否定的口調や怒ったような表情で発せられると，その逆の場合よりも受け手の戸惑いは大きくなります。このことは，口調や表情，仕草などの非言語的なメッセージの方が，ことばそのものよりも感情を伝えやすいこと，肯定的な情動よりも否定的な情動の方が伝わりやすいことを示しています。発話を解釈する過程には，非言語的な手がかりを読み取る能力も関与しています。

2　個体内コミュニケーション行動―思考の道具と自己調節機能

　幼児の自発的発話の中には，反復，独言（ひとりごと），他人に反応を期待しない集団的独言などがかなりの割合を占めています。ピアジェはこれを**自己中心語**と呼び，

思考や言語活動が社会化されていく中で，会話などの社会的言語へと発展していくと考えました。これに対し，ヴィゴツキーは独言を問題解決過程で考えることばの内面化が不完全なために外に現れたものとみなしています。

ことばは，子どもの発達に伴って，社会的な伝達（**個体間コミュニケーション**）の道具としての**外言**に加え，**個体内コミュニケーション**による思考の道具としての**内言**の機能をもつようになります。個体間コミュニケーションによって，人間相互の意思伝達を行うと同時に，個体内コミュニケーションを通して，外界の事物・事象の代わりとして内的に保持され，操作されて，問題解決の機能を果たすようになります。

また，ルリア（Luria, 1961）は，ことばによる自己の行動統制機能の発達に以下の3つの段階があることを明らかにしています。子どもは，3～4歳頃，他人のことばによって行動を統制することができる段階から自分自身のことばで行動を統制することができるようになります。5歳半を過ぎる頃には，ことばの音声刺激によって行動を統制することができる段階から意味によって行動を統制できる段階へと発達していきます。このように，ことばの内言機能は，思考を支える認知的機能としてのみならず，自我や意志と結びつき，行動を制御する（たとえば，「コワクナイコワクナイ」とつぶやきながらことばで気持ちを鎮める）をもつようにもなります。

3　書きことばの機能

学校教育がことばの発達に及ぼす最も大きな影響力の1つに**読み書き能力**（リテラシー，literacy）の獲得があります。**書きことば（文字）**の習得は，以下の点で子どもの発達に重要であると考えられています（子安，1996）。

第1に，視覚情報としての利点が挙げられます。書きことばは，文字という視覚情報がもつ情報処理効率の高さという利点に加え，同音異義語の多い日本語では，表意文字である漢字の習得は理解を促す手がかりとなります。

第2に，思考の外在化が挙げられます。内言はことばを思考の道具として用いますが，記憶負荷が大きく，処理する情報量に制約がかかります。その点で，書きことば（文字）は，情報の記録性を高めることに加え，書くことを通して考えを明確にさせる有効な手段となります。

第3として，写経に代表される心の安定という機能も無視できないと思われます。情報の伝達や自己との対話というよりも，書くことで思考の流れを統制し，心を安定させる働きがあることは大切だと思われます。

> Q 21：ことばのもつ記号性とはどのようなものでしょうか。また，ことばはどのような働きをもっているでしょうか。

3 相互理解を図るコミュニケーション

1 他者のこころを理解する？―「こころ」を理解することのむずかしさ

私たちは，いつごろから行為や感情の背景にある自分自身や他者の心の働きを理解するようになるのでしょうか。パーナーら（Perner et al, 1987）による**心の理論研究**では，**誤った信念課題**を用いてこの点を検討しています。その1つである「スマーティー課題」では，子どもに同名のチョコレートの箱を見せます（図7.3）。「中に何が入っていると思う？」と聞くと，たいがい全員が正しく「チョコレート」と答えます。その後で，実際には鉛筆が入っていることを確かめさせます。再び，中が見えないようにした上で，「まだ箱の中身を見ていないお友だちは，中に何が入っていると思うかな。チョコレート，鉛筆？」，また，「最初にこれを見た時，何が入っていると思った？」と尋ねるものです。

すると，4歳・5歳児ではどちらの質問に対しても「チョコレート」と答えることができるようになります。理由を尋ねると，「だって中身を知らない（知らなかった）から」というように，現在の自分自身とは異なる，真実を知らない他者や過去の自分自身の心的状態に基づいた推論を行うことができます。ところが，3歳児では，どちらの質問に対しても，一様に「鉛筆」と答えてしまいます。忘れているのかと思い，「友だちは中身を見た？，知ってる？」などと確認してみると，「見てない。中身知らん。」と答えます。3歳児でも，他者あるいは過去の自分が現在とは異なる心的状態をもつことは理解しているようです。しかし，そのようなこころの状態が異なる判断を導くというこころの機能を理解しておらず，現在の自分自身の知識をあてはめた推論を行ってしまいます。これらの結果から，子どもは4歳頃，人の「こころ」は目に見えないもの

図7.3　スマーティ課題　(Frith, 1989)

だが，その人の行動や判断に影響する働きをもつという**こころについての表象的理解**を獲得すると考えられています。

一方，**自閉症**の子どもたちはこれらの能力に障害をもつことが明らかとなっています。自閉症は，脳の器質的障害を素因とする発達障害ですが，興味や活動の幅が狭く常同的な行動パターンをもっており，対人関係やコミュニケーションに障害があるなどの特徴を示します。しかも，ことばをまったく発しない子どもやことばでやりとりができる子ども，自傷行為やパニックの有無など，年齢差だけでなく個人差もきわめて大きいといえます。バロン=コーエンら (Baron-Cohen et al, 1985) は，知的水準が高く，自閉症の症状も比較的軽い，いわゆる**高機能自閉症児**にもなおかつ残る障害を解明するために，自閉症児に「スマーティー課題」と同様の誤った信念課題を実施しています。たとえば，「サリーとアン課題」は図7.4のような人形劇を子どもたちに見せ，「帰ってき

図7.4 「サリーとアン」課題 (Frith, 1989)

たサリーはどこを探すでしょうか，かごの中でしょうか，それとも箱の中でしょうか」と尋ねるものです。その結果，自閉症の子どもたちは，精神年齢が低いダウン症児や知的障害児，あるいは健常の4歳児よりも，サリーが自分自身の信念に基づいてかごの中を探すということを理解することがむずかしいことがわかりました。

リーカムとパーナー (Leekam & Perner, 1991) は，「誤った信念」課題と「誤った写真」課題との成績を比較することで自閉症児の心の理解のあり方を検討しています。「誤った写真」課題とは次のようなものです。ジュディという人形が赤いドレスを着ている時にポラロイド写真を撮ります。写真が浮き出てくる前にジュディを緑のドレスに着替えさせます。そして，「写真に写ったジュディのドレスの色は何色か？」を緑のドレスを着たジュディを見ている別の人形の立場から答えさせるというものです。「誤った写真」課題は，「サリーとア

ン」課題とよく似ていますが,他者の心の状態を考慮する必要がないという点で異なっています。実験の結果,健常児では両課題の成績は異なりませんでした。一方,自閉症児では「誤った信念」課題には困難を示しましたが,「誤った写真」課題では好成績を示したのです。このことは,自閉症児は,人の心の働きについて理解することがむずかしい問題をかかえていることを示唆しています。

しかし,自閉症児は社会性に関して,比較的優れている側面とそうでない側面があることがわかってきました。たとえば,自閉症児の愛着形成のようすを先程のエインズワースらのストレンジ・シチュエーション法(**図7.1**)を用いて検討しますと,一般的に平均年齢が4歳前後,精神年齢が2歳前後には母親に対する愛着行動の形成が認められています(伊藤,1995;Rogers et al., 1991)。しかし,母親を**心理的な安全基地**として用いておらず,自らの具体的な要求を最も満たしてくれる**道具的安全基地**としての関係を形成していることがわかってきました(伊藤,1995)。ロジャーズら(Rogers et al, 1991)は,安定型の愛着を示した自閉症の子どもでは,他の型の子どもよりも知的能力が高く,記憶力など知的な能力に依存して他者との情緒的結びつきを形成していることを明らかにしています。愛着の質は健常児や知的障害児とは異なるようです。このことは,母親への愛着行動が形成される過程で他者への社会的行動が消失していくなど,両者が同一の基盤に成り立っていないことにも表れています。養育者を通じた心の絆としての愛着関係や基本的な人間観が形成されているわけではないようです。

ことばの面でも,非伝達的な叙述や要求に関する発話は得意といえます。しかし,聞き手との関係を表現する「ね」や「うん」,「ねえ」などをほとんど使用しません。文の一部を反復する反応が目立ちます(綿巻,1997)。このことは,自閉症の子どもと,ダウン症や他の知的障害の子どもでは,他者とコミュニケーションをする時のスタンスが異なっていることを示唆しています。

子どもは親やきょうだいなどと直接的,能動的な情緒的交流をもとに,こころについての表象的理解やコミュニケーションの手段としてのことばを獲得していきます。また,このような他者との相互交渉を通じて,児童期までに人々の間の共通性に気づいたり,逆に,似たような状況でも人によって違った行動

をしたり，感情をもつといった個性に気づいていくといえます。しかし，愛着の形成を土台とした個人的色彩の強い基本的人間観がどのようにこころについての表象的理解やコミュニケーションの手段としてのことばと結びつき，また状況に合わせて両者をうまく使い分けられているのか，これらの点についてはまだ十分には明らかにされていません（遠藤，1997）。

2 文化とコミュニケーション

　海外からの留学生との交流など異文化と接する機会をもつことは，今まで気づくことのなかった自分自身を知る機会にもなります。しかし，同時にコミュニケーションのむずかしさを実感させられもします。海外で生活することを余儀なくされた場合，子どもたちはその国で使用されている言語を**第2言語**として習得していくことに加え，その国の習慣，規範など生活文化に関わるさまざまなことを学習していかなければなりません。これまで暗黙の了解となっていたコミュニケーションのあり方を言語と生活様式という2つの面で切り替えることが求められます。また，滞在時の年齢や滞在期間によって帰国後の再適応という問題がのしかかってきます。

　海外赴任をした家族のうちで，最も早くその国の言語を習得し文化や習慣に適応したのは，年少の子どもたちであったという話を聞きます。第2言語の習得過程は，言語獲得の適時性や普遍性を検討するといった観点からも重要なテーマです。しかし，言語習得のいかなる側面を問題にするかによって適応が容易である領域と困難な領域があり，その影響が年齢によって異なることが明らかにされています（内田，1999）。言語領域のうち，音韻規則の習得や語順などの統語規則の一部の学習については適応性も早く幼児期の方が有利ですが，読み書きの絡んだ学力言語の習得はむしろ児童期の方が有利なようです。また，母国語と第2言語との文法構造の類似性によって，第2言語の学習に阻害的干渉効果をもたらしたり，逆に促進効果をもたらすことがあるようです。このことは，第2言語を習得し学校教育に適応していくためには，幼少期からその言語に接するだけではなく，母国語とは異なる言語論理に基づいた考え方や読み書き能力などの組織的な習得が必要であることを意味しています。

　コミュニケーションにおける文化の問題は，**異文化間コミュニケーション**に

特有の問題ではありません。私たちの日常会話の中にも文化の問題は潜んでいるといえます。日本では商談などの交渉場面でも，良好な人間関係を維持・形成することに重きが置かれています。話し手の会話の主導性のみならず，聞き手の役割が重要となります。また，相手との年齢や社会的地位など立場の違いが存在するとき，私たちはことば遣いや会話のあり方を変えたりしています。このことは，会話行動が社会・文化的要因によって制御されることを示しています。

内田（1993）は，このような社会・文化的要因の1つとして，男女大学生の会話行動と**性別及び性役割（gender-role）観**との関係を検討しています。実験では，男女それぞれの組み合わせを作り，提供された話題についてそれぞれ2人で話し合わせ，意見をまとめてもらいます。あわせて，社会から期待される性役割を自分自身どの程度果たしているか（自己評価）を尋ねる性役割意識調査を実施しています。会話に現れる**問題解決機能**（会話における主導性機能）と**会話進行的機能**（会話進行のサポート機能）が男女や性役割観によって異なるのかを調べようというものです。

その結果，男女の性差ではなく，性役割観の違いによって，とられやすい会話機能が存在することが明らかにされています。社会が期待する男性性についての自己評価が高く，女性性について自己評価の低い**男性性型**の男性や，女性性も男性性もともに高い**心理的両性具有性型**（アンドロジニー）の女性では，会話進行的役割をとることが多くみられました。一方，女性性が高く，男性性の低い**女性性型**の男女では，問題解決的役割をとることが多く見られています。すなわち，社会的な男性性役割に対する自己評価の高い男女は「聞き上手」であり，会話をサポートする役割を担うことが多いことがわかります。

対等な会話を成り立たせる上で，性別による暗黙のバイアスを取り除き，互いに1人の個人として認め合う関係を形成することは，男女がともに社会の中で役割を果たしていく上で重要だと考えられます。

COLUMN ⑧

男らしさ・女らしさの科学

　男・女という生物学性に対して，文化や社会が期待するいわゆる男らしさ・男性性，女らしさ・女性性を性役割（gender-role）といいます。ベム（Bem, 1974）は，1つの尺度の一方の極に男性性，その反対の極に女性性があるのではなく，2つの独立した次元として男性性と女性性をとらえる質問紙尺度（Bem sex-role inventory：BSRI）を構成しています。性役割には，どのようなものを男性的，女性的ととらえるかという性役割態度評価の側面，それらを自己のパーソナリティとしてどのように取り入れているかという自己受容の側面，現実行動としてどのようなふるまいをしているかといった性役割行動の3つの側面があります。たとえば，ある人は世の中には男らしい（女らしい）という基準があるが，自分自身はそのような基準にこだわらない価値観をもっていると考えているかもしれません。しかし，異性の前では無意識に，あるいは意識的に男らしく（女らしく）振る舞おうとしているかもしれません。

　このうち，本文でも紹介した性役割の自己受容に関しては，ベムら（Spence at al., 1975）が男性性と女性性の両方の特性がともに高い心理的両性具有性（アンドロジニー）を備える人は，精神的に健全で社会的適応性が高いという仮説を提唱して以来，日本でもその妥当性が検討されています。たとえば，遠藤ら（遠藤・橋本，1998）はBSRIを用いて，自己概念としての性役割観と青年男女の自己実現度（精神的健康度）との関係を検討しています。しかし，青年期の女性では，自己実現度（精神的健康度）を高めることに対し，男性性の高さは正の，女性性の高さは負の影響を与えており，両性具有性ではなく男性性の獲得が自己実現度に肯定的に働くことを明らかにするなど，必ずしも両性具有性の優越性が示されているわけではありません。青年女性は社会が期待する性役割にとらわれない性役割観をもつ一方で，現実には依然として社会に存在する性役割を認識しています。そして，自己実現にとっては男性性を発揮することが有利であることを承知しながらも，社会が求める女らしさとの間に性役割葛藤を経験していることが指摘されています。この結果は，男女にとって男性性・女性性のもつ意味が異なる可能性をも示唆しています。

推薦図書

- 『子どもが「こころ」に気づくとき』 丸野俊一・子安増生（編） 1997 ミネルヴァ書房
- 『児童心理』 岡本夏木 1991 岩波書店
- 『発達心理学―ことばの獲得と教育―』 内田伸子 1999 岩波書店
- 『コミュニケーションという謎』 秦野悦子・やまだようこ（編） 1998 ミネルヴァ書房

8章 健康なパーソナリティ

　私たちは，「パーソナリティ」「性格」ということばにふだんから強い興味，関心をもち，自分や他人のパーソナリティを知りたいという欲求をもっています。インターネット上でも性格診断というキーワードで検索すると，さまざまな性格診断のホームページが出てきます。書店にもパーソナリティや性格に関する書籍が数多く並び，思わず手にすることがあります。日常生活の中で誰かのパーソナリティを話題にしたり，自分のパーソナリティに悩んだり，友人のパーソナリティにあこがれたりすることもあります。これほどまでに私たちをひきつける「パーソナリティ」「性格」とは何なのでしょうか。

1　パーソナリティとは
2　健康なパーソナリティ

1 パーソナリティとは

　テレビアニメの「ちびまるこちゃん」に登場する人物を思い出してみてください。まるちゃん，たまちゃん，はなわ君，やまだ君，ふじき君…，それぞれの人物が個性豊かに描かれています。この個性をパーソナリティと考えてよいと思いますが，直接観察することができないパーソナリティを私たちは何を手がかりに判断しているのでしょうか。オルポートは「パーソナリティとは個人のうちにあって，その個人に特徴的な行動や思考を決定する心理物理的体系の力学的体制である」(Allport, 1937)と述べています。言い換えれば，個人の示すことばや行動に示されるその人なりの一貫性や独自性がパーソナリティといえます。つまり私たちは，まるちゃんのことばや行動から「まるちゃんってこんな子かな？」と推測しているのです。

1 性格とパーソナリティ

　私たちは，個人の特性を表すことばとして「性格」や「パーソナリティ」を使います。性格とは character の訳語です。その語源はギリシャ語の"刻み込む，彫り込む"にあります。その語感から考えると性格とは個人の行動の根源にある基本的な傾向であり，一貫性のあるもの，恒常性のあるもの，独自のものといえます。またパーソナリティ（personality）ということばは，ラテン語の「仮面（persona）」を語源としています。ドラマや演劇で仮面をかぶったり，衣装を身にまとって役を演じる役者から連想すると，パーソナリティということばには私たちの感じ方や考え方，行動の特徴という意味や私たちが社会の中で演じている役割という意味が含まれています。その他に気質（temperament）ということばを用いることがありますが，これは先天的に規定された刺激に対する感受性の程度，生理的反応の強さを意味しています。

　気質，性格，パーソナリティの関係は，図 8.1 を参考に考えるとよいでしょう。もって生まれた気質や体質を基盤に家族との関係を通して基本的な性格がつくられていきます。さらに文化や生活習慣などの影響によって習慣的性格や物事に対する好みや考え方などといった態度がつくられていきます。そして一

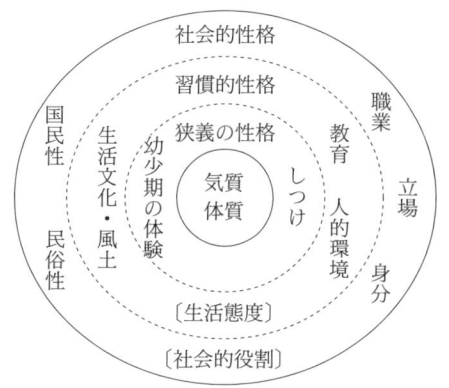

図8.1 パーソナリティの形成要因 (前田, 1994)

番外側が個人のおかれている場の状況によって演じられる社会的性格です。この習慣的性格・態度や社会的性格の部分がパーソナリティといえます。こうしてみると性格とは固定的で個人の本質的なもの、パーソナリティとはフレキシビリティのある変化するものととらえることができますが、ここでは性格ということばが持つ意味を含めてパーソナリティという用語を用います。

2 パーソナリティの類型

目に見えないパーソナリティを記述するために古くから2つの考え方が議論されてきました。その1つが**特性論**です。特性論ではパーソナリティを多数の基本的性格特性によって構成されたまとまりとして考えます。個人のパーソナリティはそれぞれの特性を量的に測定し、各特性の組み合わせによって記述されます。わが国でよく知られているYG性格検査は**表8.1**に示す12の特性によってパーソナリティをとらえています。

一方、**類型論**はパーソナリティを性格特性によって分けることのできないまとまりとして考えます。1人ひとりのパーソナリティには個人差があるけれども、あるタイプの人たちには共通にみられる特徴があると考えます。ふだんの生活の中でも、私たちは出会う人たちをなんらかの基準でタイプに分けて、あるタイプの人はこんなパーソナリティではないかと推測しています。たとえば体型を基準にして、太っているからおっとりしているのではないかとか、やせているから神経質そうだとか推測して相手を理解しようとします。科学的な根

表8.1 YG性格検査の12の性格特性(日本心理テスト研究所「YG性格検査用紙」より一部改変)

	性格特性	性格特徴
D	抑うつ性	陰気,悲観的気分,罪悪感の強い性質
C	回帰性傾向	著しい気分の変化,驚きやすい性質
I	劣等感の強いこと	自信の欠乏,自己の過小評価,不適応感が強い
N	神経質	心配性,神経質,いらいらしやすい
O	客観性がないこと	空想的,過敏性,主観性
Co	協調性がないこと	不満が多い,人を信用しない性質
Ag	愛想の悪いこと	攻撃的,短気,人の意見を聞かない
G	一般的活動性	活発な性質,身体を動かすことが好き
R	のんきさ	気軽さ,のんきさ,活発,衝動的な性質
T	思考的外向	深く物事を考えない,瞑想的・内省的傾向がない
A	支配性	社会的指導性,リーダーシップのある性質
S	社会的外向	対人的に外向的,社交的,社会的接触を好む傾向

拠はありませんが,血液型から相手のパーソナリティを理解しようとするのもこの1つといえます。これを**暗黙裡のパーソナリティ観**といいます。

多様なパーソナリティを類型化して理解していこうとする考え方はギリシャ時代までさかのぼります。紀元前4世紀頃,ヒポクラテス(Hippokratēs)は,宇宙は4つの元素(空気,地,火,水)からできているという宇宙四元論の考えに基づき,人間の体内にもそれぞれ対応する体液として血液,胆汁,黒胆汁,粘液があると考えました。そしてどの体液が優勢であるかによって多血質,憂うつ質,胆汁質,粘液質に気質(性格特性)を分類しました。ヒポクラテスの考えを受けたガレノス(Galēnos)はそれぞれの気質の特徴を**表8.2**のように示しています。

パーソナリティを分類するには,何を基準にするかが問題となります。大きくは身体的・生理的特徴を基準にする考えと文化・社会的側面も含めて心理的

表8.2 ガレノスの4気質説(詫摩,1990)

気 質	対応する体液	性 格 の 特 徴
多血質	血液	快活,明朗,気が変わりやすい,深みがない,世話好き
胆汁質	胆汁	せっかち,短気,積極的,意志が強い,興奮しやすい
憂うつ質	黒胆汁	用心深い,苦労性,消極的,敏感,無口,悲観的,気が重い
粘液質	粘液	冷静,冷淡,勤勉,感情の変化が少ない,粘着,粘り強い

特徴を基準にする考えがあります。ヒポクラテスやガレノスの考えは前者に属するものですが，代表的な考えにドイツの精神医学者クレッチマー（Kretschmer, E.）による体型と気質の研究があります。彼は精神病と体型との関連性について研究し，統合失調症は細長型の体型の人に，躁うつ病は肥満型の体型の人に多く現れること，さらに筋肉のよく発達した闘士型の体型の人はてんかんとの関係が深いことを認めました。クレッチマーはこれら精神病患者の病前のパーソナリティや血縁関係者のパーソナリティを検討し，健康な人の体型とパーソナリティの間にも同様な関係があることを指摘しました（表 8.3）。

表 8.3　クレッチマーの体型説 （詫摩，1986，1990）

体型	基本的特徴	性質
細長型	・非社交的 ・静か ・内気 ・きまじめ ・変わりもの	・過敏性 臆病，恥ずかしがりや，敏感，神経質，興奮しやすい ・鈍感性 従順，お人よし，温和，無関心，鈍感
肥満型	・社交的 ・善良 ・親切 ・暖かみがある	・躁状態 明朗，ユーモアがある，活発，激しやすい ・うつ状態 寡黙，平静，気が重い，柔和
闘士型	・一つのことに熱中しやすい ・動揺することが少ない ・几帳面 ・秩序を好む	・粘着性 頑固，軽快さがない，要領が悪い，忍耐強い，礼儀正しい ・爆発性 ときどき爆発的に怒りだす

　心理的特徴を基準にした類型には，スイスの精神科医ユング（Jung, C. G.）によるものがあります。彼は心的エネルギーが内面に向かうか外の世界に向かうかによって内向性，外向性の2タイプに人の基本的態度を分類しました。さらに人には思考，感情，感覚，直感の心理的機能のうちどれか1つ際立った領域があるとして，内向性，外向性と組み合わせて表 8.4 に示す8つのパーソナリティの類型を考えました。

表 8.4　ユングの内向型・外向型（関根，1992）

機能	内向型	外向型
思考	外的な事実よりも内的な見解に関心を払うタイプ。理論的，知的な反面，この傾向が強いと非現実的，独断的になりやすい。	外的な事実を事実として受け取り，一つの体系として理解・整理していこうとするタイプ。この傾向が強いと，人間的な親しみや温かさにかける。
感情	一見静かだが，内面には独特な感情の世界をもっているタイプ。芸術的・宗教的な面で力を発揮するが，この傾向が強いと自分の感情的な判断を他人に押しつけやすい。	世間的な価値観を受け入れ，自分の気持ちのままに行動しながら，他人とのよい関係を作っていくことができるタイプ。社交的であるが，この傾向が強いと受け売りの考えを言い張ったりして，周囲を混乱させる。
感覚	独特な内的感覚世界に生きるタイプ。内的な感覚を表現する手段に恵まれればよいが，多くの場合，外界との関係を保ちにくく，適応に苦労しやすい。	良くも悪くも現実主義的で，外界の状況に自分を合わせていけるタイプ。現実的，官能的，愉快ではあるが，この傾向が強いと奇妙な憶測や怪しげな直感にとらわれることになる。
直感	自分の内的なひらめきを追い求めるタイプ。神秘的，夢想的，独自性があるが，世間に受け入れられず，奇人・変人としか評価されないこともある。	絶えず新しい可能性を求めて行動するタイプ。可変的，創造的であるが，この傾向が強いと心気症など身体的な強迫観念にとらわれやすい。

3　パーソナリティの発達

　パーソナリティの発達に関しては2つのテーマがあります。1つ目はパーソナリティが年齢にそってどのように発達をしていくかということです。幼児期の子どもといってもおとなしい子ども，活発な子どもというように個人差があります。しかしこの個人差を超えて共通にみられる特性もあります。この時期の子どもは自我の発達とともに自分ということを主張します。これは他者や外界の事物と関わっていく上で大切なことです。また青年期には「自分とは何か」を再認識・再確認することが必要となってきます。これをエリクソン（Erikson, E. H.）は**自我同一性（アイデンティティ）**といいました。自我同一性を達成していくことは社会の中で生き，人を愛していく上で大切なことです。2章でエリクソンの考えた心理・社会・性的発達のプロセスを示しましたが，これをみるとパーソナリティの中核をなす精神的発達課題がそれぞれのライフステージにあるといってもよいかもしれません。

> Q22:レポート用紙に1行ずつ1から20の番号を記入し,その右側に「私は」と書いてください。自分自身についてじっくり考え1から20の「私は」の後に続く文を書いてください。書く時に注意することはまったく知らない人に自分を紹介するつもりで書くことです。

パーソナリティの発達に関する2つ目のテーマは,パーソナリティの発達に影響を与える要因は何かということです。これは発達を規定する要因である遺伝と環境の問題について考えることになります。しかし他の発達の領域と同じようにどこまでが遺伝の影響でどこまでが環境の影響かをはっきり分けることはできません。たとえば皆さんのパーソナリティが家族の中の誰かに似ているとしたら,それは遺伝によるものかもしれませんし,長い間一緒に生活してきて家族の言動を学習した結果かもしれません。遺伝要因も環境要因も等しくパーソナリティの発達に影響を与えますが,その上で環境要因,特に親の養育態度の重要性が指摘されています(表8.5参照)。

表8.5　親の養育態度と子どものパーソナリティ(詫摩,1967)

	養育態度	子どものパーソナリティ
1	支配的	服従的,自発性なし,消極的,依存的,温和
2	かまいすぎ	幼児的,依存的,神経質,受動的,臆病
3	保護的	社会性の欠如,思慮深い,親切,神経質でない,情緒安定
4	甘やかし	わがまま,反抗的,幼児的,神経質
5	服従的	無責任,従順でない,攻撃的,乱暴
6	無視	冷酷,攻撃的,情緒不安定,創造性にとむ,社会的
7	拒否的	神経質,反社会的,乱暴,注意をひこうとする,冷淡
8	残酷	強情,冷酷,神経質,逃避的,独立的
9	民主的	独立的,素直,協力的,親切,社交的
10	専制的	依存的,反抗的,情緒不安定,自己中心的,大胆

2　健康なパーソナリティ

「あなたのパーソナリティは健康ですか?」と聞かれると,どのように答えますか?「健康かもしれないし,そうではないかもしれない」と答えに困るかもしれません。では「あなたはパーソナリティに悩んでいますか?」と聞かれる

と「もう少し積極的だったら」とか「もう少し明るかったら」と思うかもしれません。私たちは時として自分のパーソナリティに悩みます。自分のパーソナリティに悩んでいるからといって，それがすぐに「健康でない」状態につながる訳ではありません。しかし悩みが深刻で日常生活に支障をきたしたり，まわりの人に迷惑をかけているとしたら，それは「健康でない」状態かもしれません。ここでは健康なパーソナリティについて考えながら，自分のパーソナリティのあり方にも目を向けてみたいと思います。

1 健康なパーソナリティとは

健康なパーソナリティのイメージとはどのようなものでしょうか？健康で成熟した人間を対象に精神的健康について研究したマズロー（Maslow, 1962）は，健康な人間は生理的欲求を基盤に安全，所属・愛情，自尊心に対する社会的欲求に動機づけられ，これらの欲求を十分に満足した上で**自己実現**を達成する成長欲求に動機づけられていると述べています。そして自己実現に向かう健康な人間の臨床的に観察されるパーソナリティの特徴を**表8.6**のように挙げています。

表8.6　健康なパーソナリティの特徴

- 現実のすぐれた認知
- 高められた自己，他人，自然の受容
- 高められた自発性
- 問題中心性の増大
- 人間関係における独立分離の増大と高められたプライバシーに対する欲求
- 高められた自立性と文化没入に対する抵抗
- 非常に斬新な鑑賞眼と豊かな情緒反応
- 非常に頻繁に生ずる至高経験（至上の幸福と達成感の瞬間）
- 人類との一体感
- 変化をとげた人間関係
- 一段と民主化された性格構造
- 非常に高められた創造性
- 価値体系における特定の変化

今どきのことばで言い換えれば，「知的で誠実で思いやりがあり，自己中心的ではなく必要な時には自分の思ったことが言え，しかも相手の意見にも耳を傾けることができ，流行に流されることなく，生き生きとして，多様な人間関係をつくることができ，目先の欲にまどわされることなく主体的で何事にも積極

的，創造的に取り組み，ユーモアの感覚をもち…」という理想的なパーソナリティ像が浮かび上がってくるかもしれません。実際にこのようなパーソナリティをもった人がいるか疑問ですが，私たちは自分のパーソナリティの不完全さや未熟さに気づきながら，理想的なパーソナリティに少しでも近づこうとしているのかもしれません。ある意味では自分のパーソナリティの不完全さや未熟さを認識できることが健康なパーソナリティなのかもしれません。

2 パーソナリティの障害

図8.2はパーソナリティの障害の関係を示したものです。パーソナリティの障害と一言でいってもかなりの幅があることが分かります。精神医学の領域ではこれらのこころの病気を**病態水準の重さ**，つまりクライエント（来談者）を支えるパーソナリティ（自我の状態，現実検討力，自我境界の強さ）がどのような状態にあるかによって理解してきました。図8.2でみると左にいくほど病態水準が重い，つまりパーソナリティの障害が著しいということになります。

重い　　　　　（病態水準）　　　　　軽い

精神病　　境界例　　神経症〔身体症状〕身体疾患
　　　　（人格障害）

気分障害
統合失調症

分離神経症
抑うつ神経症
強迫神経症
恐怖神経症

不安神経症
転換ヒステリー
心気症

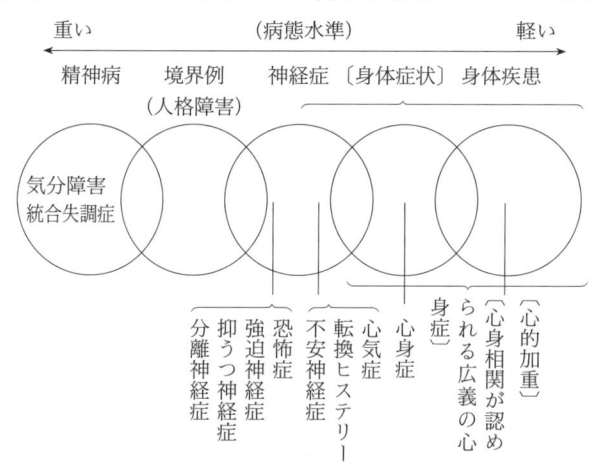

心身症

〔身心症として認められる広義の心身症〕

〔（心的加重）〕

図8.2　パーソナリティの障害と病態水準（前田，1994を一部改変）

パーソナリティの障害はその発生要因から，**外因性，心因性，内因性**あるいは機能性と分類できます。外因性とはこころの外側からの原因によって生じた障害ということです。たとえば交通事故による頭部外傷や脳炎などを含むあらゆる脳の疾患や，肝炎や腎炎などで高熱を発したり，ホルモン異常などの全身

性の疾患からくる2次的な精神疾患をさします。もちろん薬物(覚せい剤など)やアルコールなどによる精神疾患も含まれます。

次に心因性とはこころが原因で生じた障害ということです。この中にはパーソナリティの大きな偏りが問題となる**人格障害**と、いいようのない不安が発作的に生じる不安神経症に代表される**神経症**があります。

最後に，内因性とは原因不明と同義と考えてよい障害です。ここには**統合失調症，躁うつ病(気分障害)，てんかん**が含まれます。統合失調症は，属する社会，文化がどのようなものであれ，ほぼ人口の0.9％の人がかかり，その人の人生に影響を与えるパーソナリティの病です。10歳代後半から30歳代にかけて発症することが多く，主な症状として妄想，幻覚，思考障害などの陽性症状と，引きこもり，感情の平板化，自発性の低下などの陰性症状が認められます。また，躁うつ病は現在，気分障害とよばれ，躁状態とうつ状態を繰り返す双極性気分障害と，躁状態とうつ状態のいずれかが認められる単極性気分障害に分かれます。双極性気分障害は軽症のものを含むと人口の1〜5％の人がかかり，20歳代の発症がもっとも多く，次いで30歳代，40歳代に多く発症します。病前性格として双極性気分障害は循環気質（社交的，明朗，物分りがよく現実的，気分が変わりやすい）と，うつ病では執着気質（凝り性で熱中しやすい，几帳面，正義感が強い）との関係が知られています。

これまでに述べたパーソナリティの障害とは違いますが，発症に心理社会的因子が深く関わった身体的疾患として**心身症**があります。たとえば循環器系の疾患である狭心症や心筋梗塞などは，**タイプA行動**との関連が指摘されています。タイプA行動とは，競争心が激しく物事に対する達成意欲が高く，精力的に活動し，常に時間的に追われている感じがあり，攻撃的で口調が速く，声が大きくどちらかというと断定的な物の言い方をするなどが挙げられています。また私たちの「食習慣，運動習慣，休養，喫煙，飲酒などの生活習慣がその発症や進行に関与しているもの」（公衆衛生審議会，1996）を**生活習慣病**ともいいます。喫煙や飲酒などの習慣も何かに依存したいという私たちの心理的な状態と関係しているのではないでしょうか。

COLUMN ❾

ひきこもりと人格障害

　ここ数年，社会参加をせず自宅に閉じこもる青年の問題が取り上げられています。この問題を象徴することばは，本書の中でもスチューデント・アパシーやピーターパン症候群として取り上げています。衣笠（1998）は，このような青年のひきこもりを「ひきこもり症候群」と呼び，その多くが20代前半の男性で，空虚感，無気力，不眠，抑うつ感，対人緊張，自己不全感などの症状を認めています。またひきこもりのきっかけもはっきりしないことが多く，感冒や疲労などの軽度の身体的問題や，就職してみてしっくりいかなかった，上司と合わなかったなどあいまいな理由が多いことを指摘しています。さらに，この問題の背景には統合失調質人格障害，回避性人格障害，自己愛人格障害などのパーソナリティの障害があることが多く，これらの人格障害の傾向をもつクライエントの特徴を次のように挙げています。

- 統合失調質人格障害の傾向が強いクライエントの特徴としては，本来内気で孤立気味で，感情を表に表さないパーソナリティ傾向がある。そして引きこもりが始まる時には，多くは無力感や関心の低下，空虚感を訴え，内的には自己愛的で万能的な世界をもち，特有な観念にこだわっている場合も多い。
- 回避性人格障害の傾向が強いクライエントの特徴としては，未熟で自己愛的なパーソナリティが認められ，ひきこもりの始まりも，主として「職場などが自分の抱いていたイメージと異なる」など，曖昧な契機を訴えることが多い。そして家庭にこもることにほとんど葛藤を感じておらず，自分にとって自己愛を満たしてくれない，思うようにいかない社会から逃れて，衣食住を満たしてくれる環境の中で満足しており，心配し苦しんでいるのは周囲の家族だけである。
- 自己愛人格障害の傾向が強いクライエントの特徴は，未熟で依存的な傾向が回避性人格障害以上に強く，万能的な自己像を侵害するような葛藤を避けることにより，自己愛を満たそうとする場合が多い。

　ここに挙げた人格障害のキーワードは，いずれも自己愛と万能感です。これらは私たち自身ももっており，社会の中で生きていくためには必要なものです。しかし，このようなクライエントが示す自己愛や万能感はどちらかというと病的なものです。本来は，乳幼児期からの両親の適切なしつけや情緒的接し方，さらに，他人を思いやったり，人と妥協したり，自分が我慢したりする経験を通して抑制されていきます。こうした経験の少なさとパーソナリティそのものの問題が現代青年のひきこもりと関係しているのかもしれません。

3 パーソナリティの自己診断

　パーソナリティを知る1つの方法がパーソナリティテストです。パーソナリティテストは，一定の刺激を被験者に提示し，それに対する反応によって被験者のパーソナリティを理解しようとするものです。雑誌などにもいろいろなパーソナリティテストが掲載されていますが，実際に臨床の現場などで用いられるテストは，信頼性（同じテストを反復しても，誰が行っても同じ結果になるか）と妥当性（測定しようとしている特性や能力を，十分に，かつ正確に測定しているか）が確認され標準化という手続きを踏んだテストです。代表的なパーソナリティテストを**表 8.7**に挙げています。

表 8.7　パーソナリティテスト

質問紙法	パーソナリティに関する質問項目に対して「はい」「いいえ」「どちらでもない」などで自己評定し，その結果からパーソナリティ特徴を把握する方法。集団で実施でき，結果の処理が比較的容易であるが，被験者の意識レベルの反応を分析するため，被験者が正直に答えなければその結果は信頼性が低くなる。 YG 性格検査（矢田部ギルフォード性格検査）　MMPI（ミネソタ多面的人格目録） MAS（顕在性不安検査）　MPI（モーズレイ人格検査） CMI（コーネル・メディカル・インデックス）　向性検査　エゴグラム ＊市販されている質問紙法検査は 100 種類を超えるといわれている。
投影法	あいまいな刺激を提示し，その反応から個人の内にある感情，欲求や思考などを把握する方法である。意識的，無意識的両面からのパーソナリティの理解が可能であるが，客観的，数量的な結果の処理が困難で，解釈にはかなりの経験を必要とする。 ロールシャッハテスト　TAT，CAT（主題統覚検査）　SCT（文章完成法） P-F スタディ（絵画欲求不満テスト）　バウム・テスト　人物画テスト　HTP テスト
作業検査法	連続加算や記号の抹消などの一定の具体的な作業を与えて，そこでの実際の行動および作業経過やその結果からパーソナリティ特性を理解しようとする方法。集団で実施でき，テスト目的が察しにくいため被験者が意識的操作をしにくい。 内田クレペリン精神作業検査　ブルドン抹消検査　ダウニー意志気質検査 BGT（ベンダー・ゲシュタルト・テスト）

　ここでは実際にエゴグラムを用いて，心の状態について自己診断してみましょう。エゴグラムは交流分析の中で自我分析に用いられるテストです。交流分析とはアメリカの精神科医バーン（Berne, E.）によって考案された人間関係改善のための治療法です。交流分析では，私の中に「3人の私」がいると考えます。親（Parent：P），大人（Adult：A），子ども（Child：C）の自我状態です。さらにPは批判的親（Critical Parent：CP）と養育的親（Nurturing Parent：NP）にCは自由な子ども（Free Child：FC）と順応した子ども（Adapted Child：AC）に分かれます（表8.8参照）。エゴグラムでは，この5つの自我状

表8.8　5つの自我状態（杉田，1985）

自我状態	基本的性質
CP	自分の価値観や考え方を正しいものとし，主張する部分。良心，理想などと深く関連している。
NP	思いやり，親切，寛容さなどの部分。人をいたわり，励まし，親身になって世話をする。
A	ものごとを冷静に判断し，それに基づいて行動する部分。知性や理性と深く関連し，能率，生産性，現状分析，原因追究などに強い関心を示す。
FC	パーソナリティの中で最も生来的な部分。自由で，縛られない自発的な部分で，創造性の源となる。
AC	自分の本当の気持ちを抑えて，期待に沿おうと努めている，よい子の部分。イヤなことをイヤと言えず，簡単に妥協し，自然な感情を表さず，自発性に欠ける。

態が今どのようになっているかを自己診断します。

　では表8.9に示す50の質問項目に「はい」の場合は○，「いいえ」の場合は×,「どちらでもない」の場合は△で答えてください。ただしできるだけ○か×で答えるようにしてください。記入が終わったら，○は2点，△は1点，×は0点としてCP，NP，A，FC，ACごとに得点を集計して図8.3のグラフに折れ線グラフで書きこんでください。

　あなたのエゴグラムは，どのようになりましたか。5つの自我状態のうち，一番高い部分はどこか，一番低い部分はどこかを見てください。一番高い部分は，物事に対するあなたの最初の反応を決定する部分です。それはあなたのパーソナリティの長所となる部分ですが，その反面，過度に働きすぎると短所となる部分です（表8.10参照）。また一番低い部分は，自我状態のエネルギーが低いところです。エネルギーが低いと，その自我状態に基づいた行動をとることが苦手となります。エゴグラムは各人の個性を表すもので，細かい点数やどういう型が優れているとかを気にすることはありません。まずはこの結果と照らし合わせて，日頃の自分を振り返ってみてください。

4　パーソナリティ改善の可能性

　私たちは，誰しも「なりたい自分」をもっています。「なりたい自分」がある

表8.9 エゴグラム・チェックリスト中高生用（杉田，1985）

			○	△	×
CP 〔 〕点	1	あなたは，何事もきちっとしないと気がすまないほうですか。			
	2	人が間違ったことをした時，なかなか許しませんか。			
	3	自分を責任感の強い人間だと思いますか。			
	4	自分の考え方をゆずらないで，最後までおし通しますか。			
	5	あなたは礼儀，作法についてやかましいしつけを受けましたか。			
	6	何事も，やりだしたら最後までやらないと気がすみませんか。			
	7	親から何か言われたら，その通りにしますか。			
	8	「ダメじゃないか」「…しなくてはいけない」という言い方をよくしますか。			
	9	時間やお金にルーズなことがきらいですか。			
	10	あなたが親になった時，子どもを厳しく育てると思いますか。			
NP 〔 〕点	11	人から道を聞かれた時，親切に教えてあげますか。			
	12	友だちや年下の子どもをほめることがよくありますか。			
	13	他人の世話をするのが好きですか。			
	14	人の悪いところよりも，良いところを見るようにしますか。			
	15	がっかりしている人がいたら，なぐさめたり，元気づけたりしますか。			
	16	友人に何かを買ってあげることが好きですか。			
	17	助けを求められると，私にまかせなさいと，引き受けますか。			
	18	誰かが失敗したとき，責めないで許してあげますか。			
	19	弟や妹，または年下の子をかわいがるほうですか。			
	20	食べる物や着る物のない人がいたら，助けてあげますか。			
A 〔 〕点	21	あなたはいろいろな本を読むほうですか。			
	22	何かうまくいかなくても，あまりカッとなりませんか。			
	23	何かを決める時，いろいろな人の意見を聞いて参考にしますか。			
	24	初めての事をする場合，よく調べてからしますか。			
	25	何かをする場合，自分にとって損か得かをよく考えますか。			
	26	何か分からないことがあると，人に聞いたり，相談したりしますか。			
	27	体の調子が悪い時は，自重して無理を避けますか。			
	28	お父さんやお母さんと，冷静に，よく話し合いますか。			
	29	勉強や仕事をテキパキと片付けていくほうですか。			
	30	迷信やうらないなどは，絶対に信じないほうですか。			
FC 〔 〕点	31	あなたは，おしゃれが好きなほうですか。			
	32	皆とさわいだり，はしゃいだりするのが好きですか。			
	33	「わあ」「すごい」「かっこいい」などの感嘆詞をよく使いますか。			
	34	あなたは言いたいことを遠慮なく言うことができますか。			
	35	うれしい時や悲しい時に，顔や動作に自由に表すことができますか。			
	36	欲しい物は，手に入れないと気がすまないほうですか。			
	37	異性の友人に自由に話しかけることができますか。			
	38	人に冗談を言ったり，からかったりするのが好きですか。			
	39	絵をかいたり，歌をうたったりするのが好きですか。			
	40	あなたはイヤなことを，イヤと言いますか。			
AC 〔 〕点	41	あなたは人の顔色を見て，行動をするようなところがありますか。			
	42	イヤなことをイヤと言わずに，おさえてしまうことが多いほうですか。			
	43	あなたは劣等感が強いほうですか。			
	44	何か頼まれると，すぐやらないで引き延ばすくせがありますか。			
	45	無理をしてまで，他人からよく思われるように行動するほうですか。			
	46	本当の自分の考えより親や人の言うことに影響されやすいほうですか。			
	47	悲しい気もちやゆううつな気分になることがよくありますか。			
	48	あなたは遠慮がちで，消極的なほうですか。			
	49	親のご機嫌をとるようなところがありますか。			
	50	内心では不満だが，表面では満足しているようにふるまいますか。			

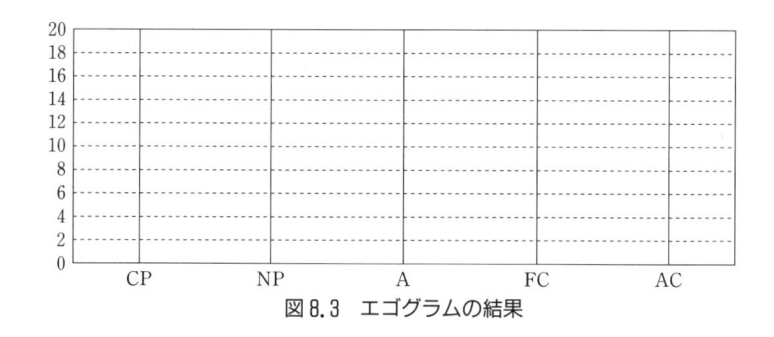

```
20
18
16
14
12
10
 8
 6
 4
 2
 0
    CP      NP      A      FC      AC
```

図 8.3　エゴグラムの結果

表 8.10　5つの自我状態の長所と短所（芦原, 1998）

	長所	短所
CP	高い理想や目標をもっている。 道徳的で倫理観が高い。 責任感がある。 リーダーシップを発揮する。 秩序を守る。	頑固で融通が利かない。 支配的，威圧的に振舞う。 厳しすぎる面がある。 独断的，排他的。 偏見をもちやすい。
NP	人に対して思いやりがある。 守ってあげたい，育ててあげたいという気持ちが強い。 他人に尽くすのが好き。 愛情が深く，相手を受容する。 同情的。	過干渉でおせっかい。 甘やかしたり，過保護になりやすい。 押しつけがましい。 他人の自主性を損なう。
A	情報収集や分析に長けている。 客観的に評価できる。 事実に基づいて判断する。 理性的で合理的。 現実的。	冷たい。 無味乾燥。 人情味がない。 打算的，機械的。 人の気持ちより事実を優先する。
FC	明朗快活。 創造力や空想力に富む。 ユーモアのセンスがある。 好奇心が強い。 多趣味で遊び上手。	気まぐれ，わがまま。 自己中心的。 好き嫌いが激しい。 傍若無人。 感情的で幼い。
AC	協調性がある。 慎重である。 従順である。 人との妥協点が見つけられる。	自主性がない。 依存的。 我慢しすぎ，本心を隠す。 自責の念が強い。 人に気を使いすぎる。

からこそ，自分のパーソナリティの長所をのばし短所を改善したいと願うのだと思います。しかしパーソナリティを変えるとは，「どこを」「どのようにして」変えていくことなのでしょうか。

　まず「どこを」について考えると，図8.1で示したように，パーソナリティは4つの層から作られています。中心にある気質やその周りの狭義の性格といわれる部分は変わりにくいですが，生活態度や社会的役割によって作られている部分は変わりやすいといえます。次に「どのようにして」について考えると，これにはエゴグラムの考えが参考になると思います。エゴグラムでは5つの自

表8.11　「なりたい自分」になるためのことば，行動・態度（芦原，1998）

	ことば	行動・態度
CP	…すべきです。 …しなければならない。 私の意見は，○○○です。 …すべきではない。 決めたことは最後までやろう。	新聞記事を声に出して批判してみる。 目標を立てて，最後まで努力する。 現状に満足していいか自分に問いかける。 自分の尊敬する人が何と言うか考える。 時間，金銭にやかましくなる。 最後まで譲らないぞというものを一つもつ。
NP	あなたの気持ちはよく分かります。 大変でしたね。つらかったでしょう。 それがあなたのいいところだね。 よくできました。	相手の気持ちになって考える。 人の長所を見つけ，ほめる。 相手のネガティブな言動に反応しない。 にっこりと微笑む。
A	問題点は何ですか。 あなたの一番いいたいことは何ですか？ もう少し詳しく説明してください。 （感情が高まってきたら）少し考えさせてください。 もしそうなるとしたら，今，何をするのが賢明でしょうか？	記録をつける。 感情に流されず客観的事実を確認する。 結末を予測して，状況全体を把握する。 5W1Hを検討する。 同じ状況で他の人ならどう考え，行動するかを考える。
FC	おはよう。おいしい。 かわいい。すごい。 それはおもしろい。 やってみよう。	とにかく笑う。 何か夢中になれる趣味をもつ。 子どもと遊ぶ。
AC	こんなこと話してよいでしょうか。 気を悪くしませんでしたか？ あなたがどう考えているか気になります。 すみません。 大丈夫ですか？ これでいいのですか？	人が話をしている時は話をさえぎらない。 相手の話に相槌を打つ。 相手がどう考えたか聞いてみる。 相手をとにかく立てる。 遠慮してみる。妥協してみる。

我状態のもつエネルギーの総和は一定と考えます。その上で高い自我状態を抑えこむより，低い自我状態を高めることを勧めます。低い自我状態を高めていくと，高い自我状態が相対的に下がり，エゴグラム全体のバランスがよくなるのです。低い自我状態を高めるためには，次のように考えます。パーソナリティは，その人なりのことばや行動・態度のパターンです。特に生活態度や社会的役割によって作られた部分は，その傾向が強いといえます。つまりパーソナリティを変えるということは，今までのことばや行動・態度のパターンを少しだけ変えてみることといえます。表8.11 に，低い自我状態を上げるためのことばや行動・態度を挙げていますので参考にしてください。

推薦図書

- 『こころの中の深い森』　朝倉喬司・春日武彦・キムミョンガン・高橋祥友・町澤静夫・森下伸也・渡辺　登　1997　日本実業出版社
- 『自分発見「20の私」』　松原達哉　1999　東京図書
- 『心の臨床家のための必携精神医学ハンドブック』　小此木啓吾・深津千賀子・大野裕（編）　1998　創元社
- 『パッケージ・性格の心理』（全6巻）　詫摩武俊（監）　1985　ブレーン出版

9章 ストレスに打ち克つ適応能力

　現代はストレス社会といわれるように，私たちはストレスの多い生活を送っているといえます。ストレスを引き起こす刺激であるストレッサーは，私たちの身のまわりに満ちあふれていて，私たちを圧迫してきます。それは時間に追われる生活リズムであったり，過重な仕事量であったり，複雑な人間関係であったりします。人間には適度のストレスが必要と考えますが，ストレスがその人にとって適度の範囲を越えた場合は精神的，身体的に不健康な状態を引き起こすこともあります。現代に生きる私たちとしては，精神的，身体的な健康を維持・増進するためのスキルを獲得することが必要になっています。

　本章では，自分のストレスを自覚し，どのように対応するか，またストレスによって引き起こされるさまざまな病的状態についての知識などを身につけたいと思います。

1 適応とは
2 適応への失敗

1 適応とは

　ある人が新しい土地で生活を始めようとする場合，まず自分の住んでいる環境に慣れることから始まります。その土地は日本のどの地方にあってどんな気候かといった自然環境に慣れることはもちろんのこと，近隣の地理や交通手段に慣れて買い物をしたり学校や職場へ通ったりしなければなりません。また同時に，社会的なつきあいも大切で，自分の家の隣人をはじめとする地域の人々とのつきあい，新しい学校や職場での人間関係にも慣れていかなければなりません。

　学生生活では，家庭を離れて新しい土地でのひとり暮らしをする人が多くなるので，新しい生活環境や生活パターンにどのように適応していくかということが大切な事になります。高校時代とは違って生活のパターンががらりと変わり，自分のことはすべて自分に任されます。特に，自由で拘束されない時間が急に増えるので，自分なりの生活リズムを早くつかむことが大切です。掃除や洗濯，買い物などをしたり，講義やサークル活動やアルバイトなどをしながら自分の生活リズムを作っていく人が多いと思いますが，なかには1人になったとたんに自分の生き方の枠組みが作れずに悩み始めたり，自信をなくして親元に帰ってしまう人もいます。

　適応とは，このように自分の置かれている自然環境や社会環境に働きかけて，ある部分は受動的に受け入れ，またある部分では自分独自に環境を変えたりして，その人にとって効率的で意味のある生活を確立する過程と考えられます。

1 適応と順応

　適応と順応は，次のように区別して用いられます。その人の関与の度合いや反応レベルからみた相違点は，**適応**が自分の置かれた環境に働きかけて変化を生み出したり，自分に合うように環境を変えたりする，いわば全人格的な反応であるのに対して，**順応**は暑さや寒さに慣れたりといった主に生理的レベルの反応を意味している点です。

　つまり，適応が積極的な反応を意味するのに対して，順応は受動的な意味合

いが強いということになります。順応の例としては，暑さや寒さといった温度変化への慣れの他に人間関係上の慣れなどもあり，たとえばいつもガミガミ言ってしつけをする母親の仕方は，子どもがその口うるさいことに慣れてしまって言うことを聞かなくなるので，あまり効果的なしつけの方法ではないといえます。

2 欲求不満の型

　晴れた日にドライブをするのが好きな人の場合を考えてみましょう。土曜の夜に空に星が出ていれば，その人は明日はドライブをしようと思うでしょう。私たちの行動はまずこのように，ドライブをしたいという欲求に基づいて起こります。そして，ドライブをするという目標のために，その夜のうちに，行く場所を選んだり持ち物を用意して準備をします。ところが，日曜日の朝になって急にドライブができなくなる事態が起きた場合，中止したり延期せざるを得なくなります。その結果，その事態が自分にとって納得できたりやむを得ない場合は別として，楽しみにしていたことが阻止されれば，イライラしてきて心的緊張が高まり，悔しいといった感情が起こったりします。

　このように，欲求が満たされないで中断されたり延期される状態を**フラストレーション**の状態と呼びます。私たちの日常生活の中では，このようなフラストレーションはよく起こることであり，避けて通ることのできないものです。フラストレーションが起こる要因はたくさんあり，外的要因と内的要因に分けられます。外的要因としては，天候不順などの自然的要因，人間関係の緊張などの社会的要因などがあり，内的要因としては，複数の欲求が同時に発生した場合や目標が高すぎる場合などがあります。

　私たちはよく両立しがたい，矛盾する欲求をもつことがありますが，このような時にフラストレーションが起ります。この状態を，**コンフリクト**あるいは葛藤と呼んでいます。これには，3つのパターンがあります。1つ目は，たとえば求職中の人が魅力のある職業を2つ同時に見つけた場合に，どちらか一方を選ばなければならない時に起こるコンフリクトです。この場合，どちらの職業も魅力があり，本人はどちらにしようかとかなり迷うことでコンフリクトを引き起こしますが，最終的にはどちらかを選択します。これを，**接近-接近コン**

フリクトと呼んでいます。（図9.1）

　2つ目は，どちらの選択をしても自分が苦痛や不利益をこうむる場合で，逃げ場のないコンフリクトとも考えられます。この場合，選択肢のどちらかを決めなければならないので，上記のコンフリクトよりも重大になり，解決も困難になります。たとえば，人づきあいの苦手な人がやっとの思いで入社できた職場では週末に飲み会をすることが多く，それに出なければならない状況だったとします。その人は苦労して目指す職場に入り，人づきあいは仕事中だけで十分と思っていたのに，さらに飲み会にまで出るように上司から進められるわけです。それに出なければ，その職場は気まずくなるし，そうかといって簡単に辞職するわけにもいかない場合は，その人のコンフリクトは重大かつ深刻になります。これを，**回避-回避コンフリクト**と呼んでいます。

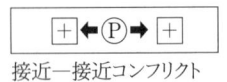

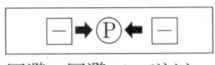

　3つ目は，1つの目標が魅力的な部分と苦痛や不利益をこうむる部分をもっている場合のコンフリクトです。たとえば，自尊心の強い男性が自分の理想とする女性に出会ったとします。その人にはその女性にぜひつきあって欲しいと伝えたい気持ちと，断られた場合に恥はかきたくないという気持ちとがあって，なかなか言い出せないでいる場合がこれに相当します。これを，**接近-回避コンフリクト**と呼んでいます。

接近―接近コンフリクト

回避―回避コンフリクト

接近―回避コンフリクト

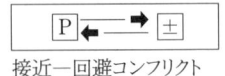

P：個人

図9.1　コンフリクトの種類
（野西, 1984）

3　適応機制

　私たちはさまざまな欲求をもって生活をしていますが，〜したいという欲求が起こるとそれは行動に移され，その結果その欲求が満たされます。また，その欲求が阻止される事態が起きると心理的な緊張が高まり，その緊張を解消しょうとするさまざまな行動がとられるようになります。その際，私たちはその事態を的確に把握して分析し，その後に現実的で社会的に承認される方法で解決をはかろうとします。この一連の流れが，適応の過程です。

　実際には，私たちの欲求がすべて満たされるわけではありません。ある欲求

が満たされないで未解決のままになっていると，心理的な緊張は増大してフラストレーションがピークに達し，ついには人格的な混乱や精神的な病気を引き起こすこともあります。しかし，私たちの生体の内部にはこのような危機的状況をうまく調節する心理的メカニズムが備わっています。このメカニズムを**適応機制**といいます。

　その仕方には2通りあり，現実に即した社会的に認められるような合理的な方法と不快な緊張状態を軽減するためになされる非合理的な方法，いわゆる**防衛機制**とがあります。以下，後者の防衛規制の種類である抑圧，投射（投影），同一化（同一視），合理化などについて説明します。

　まず，欲求が満たされないと心理的に不安定になり，フラストレーション状態になりますが，欲求そのものを思い出さないようにすればフラストレーションを感じなくてすむことになります。このように，実現することが困難な要求を思い出さないように意識下に押さえ込んで，意識面に現れないようにする機制を**抑圧**といいます。抑圧されるものとしては，性的要求，攻撃的要求，不道徳的要求などがあります。しかし，抑圧によって欲求は消失してしまうとは限らず，意識はされなくても意識下に残っていますので，その葛藤が夢となって現れたりします。自分の意見や態度，感情をふだんの人間関係の中であまり出さない人は，自分の欲求を押さえているため夢に現れる場合があります。このような人は，おとなしい人という印象を与えますし，睡眠中に歯ぎしりといった現象を起こすこともあります。

> Q23：夢には，どんな働きがあるか考えてみましょう。

　投射は，自分のもっている欠点や罪の意識，願望などを他者や事物に投映して非難や攻撃をすることです。自分の欠点や弱点，不道徳的願望などを自分の中に認めることができないので，それを他者などに映し出すわけです。たとえば，他者のスキャンダルなどを大げさに非難したりする場合がこれにあてはまります。また，責任を転嫁する場合もあり，自分がこうなったのは親のせいだという場合などがあります。

　同一化（同一視）は，自分を他者あるいは集団と同一視することによって，自我の拡大を行い自信を強めようとするものです。尊敬する友人や先輩のしぐさや話し方などを知らない間に取り入れていたりすることがよくあります。男

の子は父親と自分を同一化し、女の子は母親と自分を同一化する傾向があり、また、映画や演劇の主人公と同一化することもよくみられます。

合理化は、ある行動の本当の動機が表ざたになると、自分の自尊心が傷つけられたりするので、それを取りつくろうためにもっともらしい理由をつけて自分の意見や行動、感情などを説明しようとするものです。たとえば、ある大学の入学試験に失敗した人が、本当はその大学はあまり関心がなかったと言い訳をする場合がこれにあてはまります。自分の学力が通用しなかったことを認めようとしないで、目標の価値を低くとらえてしまいます。同じように自分の力が及ばなかったことを認めようとしないで、今度は逆に目標の価値を過大評価し、自分の大学はすばらしいと、ことさら持ち上げる場合もあります。

次に、欲求を満たすことが困難な場合、目標に替わるもので納得しようとする機制が**代理**で、これには反動形成や置き換え、昇華、補償などが含まれます。**反動形成**は、抑圧した欲求や願望とは逆の態度あるいは関心を形成していく過程です。たとえば、極端に丁寧でへりくだった態度は敵意の反動であり、几帳面すぎる正直さは、支配願望の反動であるとされます。

また、反動形成とは逆に、**昇華**は社会的に承認されたり、賞賛されたりする形で現れます。恋人に対する愛情が、人類愛や生命あるものへの愛情などへ高められたり、美化されたりします。**置き換え**は、受け入れがたい感情や欲求を受け入れやすい対象に置き換えることで、たとえば親への感情的な憎しみを職場の上司に向けたりする場合や、子どものいない夫婦がペットをたくさん飼って家族の一員のように可愛がる場合などが挙げられます。**補償**は劣等感や不満を軽減するために、自分にできる他の方法で補おうとする代理機制です。たとえば、学業成績で評価がまったく得られない生徒が運動に打ち込み、チームのリーダーとなって活躍する場合が挙げられます。これとは逆に、社会的に承認されない形での補償は、非行などの反社会的行動につながることもあります。

以上のものとは異なり、現実場面への適応に失敗して、強いフラストレーションから逃避しようとする退行、病気への逃避、撤退などの機制もあります。

退行とは幼児返りとも呼ばれ、幼児期の行動様式に逆戻りして、現実との接触を逃れようとするものです。幼児的なしゃべり方、指しゃぶり、夜尿などがあり、これらは無意識的に行われ、親の愛情不足に対する反動をこれらの行動

様式で穴埋めしようとするものと理解されています。

病気への逃避は不登校などにみられ，登校時に起る頭痛，腹痛，嘔吐，発熱などがこれにあたります。本人からすれば，これらの症状が登校という困難な状況から一時的に回避させてくれるのです。病気への逃避は意図的に行われるものではなく無意識的になされますから，いわゆる仮病と間違われます。しかし，このように病気への逃避が習慣化すると，重大な不適応問題につながります。

撤退は適応困難な状況に立ち入らないという，最も単純な形の逃避です。かつて失敗したりショックを受けたことのある場面や経験を避けることで，自己の安定感を得ようとするものです。

逃避とは逆に適応困難な状況や原因となる人物に対して，機先を制して攻撃的態度をとることで自己を防衛したり安定感を得ようとする機制があり，これを**防衛的攻撃**と呼びます。暴力のような直接的攻撃はフラストレーションによる緊張の解消にはなりますが，幼児的な反応として社会的には非難を受けます。年齢が高くなると，直接的な攻撃は減少したり抑圧されて，悪口，批判などへ変わっていきます。

4 欲求不満耐性

欲求不満耐性とは，フラストレーションの状態に耐える力のことで，その人がどのような生育環境にあったかで大きく異なるものです。過保護な環境で育てられた人や逆に厳しすぎたり放任された環境で育てられた人は，欲求不満耐性が低いといわれます。

したがって，適度なしつけのある環境で育つことにより，健全な欲求不満耐性が育成されることになります。

ところで，現代社会はさまざまなストレスに満ちあふれ，ストレス社会ともいわれています。各職場では仕事量が増えて忙しくなり，大人は仕事に追われる生活を強いられます。家庭に目を向けると，親は仕事に追われてゆとりがなく，子どもも塾や習い事などに追われて自分の時間がもてずに，家族がゆっくりとくつろぐ時間が少なくなっています。親も子どもも加速化した生活リズムに振り回されてゆとりをなくしていますから，家庭内でも親子関係が緊迫し，

両者ともにストレスが高まっているといえます。

　このような家庭背景をもつ現代の子どもたちの生育過程をみてみましょう。現代の子どもは，幼児期より玩具やおやつ，小遣いなど不足することなく与えられている場合がほとんどで，十分に与えられることが当たり前の生活をしていることになります。これには，親の忙しさや少子化などの要因が関係しているでしょう。このため，子どもたちは我慢をする経験が乏しくなり，自分の欲求をコントロールする能力に欠けてきています。また，仲間との遊びが少ないこと，少子化できょうだい間の葛藤が少ないことなどで，人間関係のスキルを学習する機会が乏しいため，対人関係上のトラブルを起こしやすく，起こした後の処理能力も乏しくなっています。さらに，山や海，川などで遊ぶといった自然体験の不足から，忍耐力や成就感の形成にも欠けています。

　このようにみてくると，子どもたちはストレスの多い社会状況の中でフラストレーション状態になった時に，それに耐えるだけの力が乏しくなっていること，そのことは，幼い頃からの育てられ方が深く関連していることがわかります。若者の間で日常よく使われる「キレる」や「ムカつく」という表現がありますが，このことばの背景には，欲求不満耐性の低さや感情コントロールの学習不足，自己表現力の貧弱さなどがうかがえます。

> Q 24：現代の子どもたちに欲求不満耐性を身につけさせるには，どうしたらよいと考えますか。

5　欲求不満反応の自己評定

　欲求はそれが外的，内的なさまざまな条件により，また，阻止されると不安や怒りなどが生じて，心理的な緊張が続きます。このような状態をフラストレーションの状態といってきましたが，別な言い方では**ストレス状況**とも呼びます。この欲求不満状態は，その人にとってどれだけ重大な意味をもつかどうかで強くなったり弱くなったりします。とくに，この状態が強いと緊張は持続し，ついには攻撃行動に出たりすることもあります。

　ローゼンツバイク（Rosenzweig, S.）によれば，欲求不満反応はその攻撃の方向で外罰反応，内罰反応，無罰反応の3つに分けられています。外罰反応は，欲求不満の原因をすべて外的な環境条件や他者のせいにして，攻撃がすべて外

に向けられます。外罰傾向の強い人は，自分のやり方がうまくいかないことをすべて人のせいにして攻撃するので，きわめて自己中心的なパーソナリティの持ち主ともいえます。

　内罰反応は，欲求不満の原因をすべて自分のせいにして，自分自身に攻撃を向けるものです。内罰傾向の強い人は，罪責感が強くて自信に乏しく，極端な場合は自殺することさえあります。無罰反応は，欲求不満の原因を外にも内にも向けずに欲求不満をごまかしてしまうか，攻撃を避けてうわべを取り繕ってしまうものです。この傾向の強い人は，欲求不満を抑圧してしまうか，相手に迎合してしまう面があります。

図9.2　P-Fスタディの問題場面の1例
（住田ら，1987）

　このようなローゼンツバイクの理論をもとに，欲求不満時の反応様式をみる心理検査として，**P-Fスタディ**（絵画欲求不満テスト）があります。これは，24の欲求不満を喚起させる場面に対して，その人がどのように反応するかをみるものです。(図9.2)

　また，近年ストレス研究が盛んになり，ストレスの心理学的モデルがラザルスとフォークマン（Lazarus & Folkman, 1984）によって提唱されています。それによれば，私たちがなんらかの状況や出来事に直面した場合，まず状況に対する認知的評価がなされることになります。それには，1次的評価と2次的評価とがあり，1次的評価とはそれらの状況や出来事が自分にとってどのような意味をもつかという評価で，2次的評価は自分がどのくらいそれらをコントロールできるかという評価です。ストレスとなるかどうかの判断は，その人のこのような認知的評価によります。かりに，状況や出来事がコントロール不可能なものと評価されれば，抑うつや不安，怒り，興奮などの情動的反応を引き起こし，それらはストレッサーとなります。そして，このような情動反応を解消しようと多様な努力がなされますが，これは**コーピング**と呼ばれています。

ストレスコーピングのための利用可能な資源として，身体的健康，自己効力感，問題解決スキル，ソーシャルサポートなどが挙げられています（岡安，1997）。ストレス症状を測定する質問紙法の検査も多数ありますが，よく使われているものとして，MAS（顕在性不安尺度），STAI（状態-特性不安尺度），CMI（コーネル大学健康調査表）などがあります。

2 適応への失敗

めまぐるしく変化する時代に生きている現代人にとっては，自分の生活に適応することさえ厳しいといえます。自分の生活に追われて疲れ果てたり，複雑になっている対人関係に心をすり減らす人は多く，そのような生き方を強いられている現代人は，過度のストレス状況にさらされていて，身体的，精神的に危機的な状況にあるといえます。その結果，自分の置かれている生活環境や人間関係への適応に失敗した人は，次に挙げられるような状態に陥ります。

1 自律神経失調症とノイローゼ

自律神経失調症は，自律神経系の交感神経と副交感神経の活動のバランスが壊れた時に発症するもので，肩こり，頭痛，発熱，食欲不振，下痢などさまざまな身体症状が伴います。自律神経系は感情・情緒の中枢であり，消化器系，循環器系，泌尿器系などの内臓諸器官の活動をコントロールしています。悩みや心配ごとなどの不安や葛藤が起きたり，またそれらが持続することになると，自律神経系の活動が乱れてアンバランスとなり，内臓諸器官のコントロールを失うことになります。大学生ではやや少ないかと思われますが，小学生・中学生や高校生によくみられる例として，登校の時間がせまると腹痛や下痢などの身体症状が起こることがあります。このような状態が続く場合，病院で医学的な検査をしても，特に消化器系には異常がみられず，その後の医学的処置としては腹痛や下痢に対する薬物療法とともに経過観察を行うことになりますが，診断名は自律神経失調症とつけられます。

ノイローゼは**神経症**ともいわれ，自律神経失調症のようには身体症状を伴わないものです。たとえば，人とどのようにつきあったらよいかわからずに悩み，

人なかにでるのを拒否するようになる人は，あれこれと考えて疲れたり，考えが堂々巡りをしてまとまらずに苦しんだりします。ついには，学校や職場などの集団に入ることが苦痛になり，学校や職場に行けなくなります。また，自分の手にバイ菌がついているのではないかというささいな考えが浮かんでくるようになり，しだいにその観念にとりつかれ，几帳面に手を洗うようになりる人もいます。その悪循環が高じて，手を洗う回数や時間が増えてきて，本人は心理的に疲れ果てると同時に苦しさも増してきて，現実生活に支障をきたすようになります。これは，強迫神経症と呼ばれています。

このように，ノイローゼは主として観念的な苦しみに行動面の適応の障害が伴っています。自律神経失調症は精神的な苦しみがあることはもちろんですが，身体的な症状が前面に出てきて，ノイローゼと違って必ずしも行動面の適応の障害を起こすとは言い切れず，苦しみながらも学校や職場へ行くことができることもあります。

自律神経失調症の治療には薬物療法も必要ですが，自律訓練法などのリラクセーションを習得して，交感神経と副交感神経の活動のバランスを回復させることが主眼となります。同時に，カウンセリングなどで自分の考え方や気持ちを整理してみることも大切です。

2 職場放棄

就職の準備期にある大学生をみると，その多くが社会人となることに戸惑いをもっていることに気づきます。就職することは大人社会への参加であり，職場の同僚とうまくやっていけるか，またどのような上司と仕事をしなければならないのか，勤務時間や待遇はどうなっているか，など就職を控えた学生の不安は募ります。このように，職場の人間関係や労働条件に不安をもつ若者が多いのも1つの特徴ですが，就職難のため自分の希望する職場に入れる可能性は少ないので，就職に対する学生の無気力感も増大していることも見逃せません。

幼児期より競争を強いられてきた若者たちは，思春期や青年期になり競争を避けるようになる傾向があります。そして，成績次第でとりあえず大学に入ったが，これといった目的を見出せない学生も多く，したがって，就職に対する動機づけもあまり高くありません。

現代の若者気質の特徴的の1つに，自分のペースで生活できればそれでよく，特に何をしたいというわけでもない，という傾向があります。その生き方からすれば，就職することは学生としての生活が終わることで，長年やってきた自分の生活のパターンが崩れ去ることにもなります。そういう思いをもちながらも，多くの学生は就職していきますが，フリーターをしながら生活している若者も増える傾向にあります。

ここ数年，運よく就職できたにもかかわらず，人間関係や労働条件などが自分に合わないといってすぐに辞めてしまったり，無断欠勤や早退をするようになる事例によく出会います。職場には何も告げずに，ある日突然出社しなくなるケースもみられるようになっています。マスコミでも不登校や出社拒否が増え続けていることが伝えられていますが，ほとんどの場合，学校や会社などの集団の中で適切な人間関係がもてない生徒や若者がこのような状態に陥っています。

出社拒否では，微熱，嘔吐，下痢などの身体症状や不安，抑うつ，不眠などの精神的な症状が現れ，会社に行けなくなることもあります。出社拒否は突然起こることもありますが，潜在的には学生時代より社会人になることに戸惑いを持っていてそのことが背景になっている場合が多いようです。

3 拒食症

思春期や青年期では異性に対して自分を強く意識するようになり，自分の身体的な特徴に関心をもつようになる時期で，女性では美しくありたいとの願望が強くなります。**拒食症**は特に女性に多くみられ，今の自分は太っていると主観的に思い込むようになり，痩せなければならないと決意して食べることを拒否し始めます。このようなことから，拒食症では**ボディイメージ**の歪みが指摘されています。拒食症の人は極端に食事をしなくなるので，体重が著しく減少します。食事をまったくしないのではなく，時には脅迫的なまでにたくさん食べて，その直後にすべて嘔吐してしまいます。これを繰り返していると，ついには極端にやせ，そのまま放置すれば生命の危険にさらされることもあります。

このような状態を最近では摂食障害とか食行動障害と呼び，拒食症だけでなく，逆に食べ過ぎる場合の**過食症**も含めて問題とされています。拒食症や過食

症の本質は心理的な原因が存在しているとされており（末松，1991），食べることを拒んだり，逆に食べても食べても満足しないといった状態になるとみられています。治療に際しては，医学的管理をしっかりとして，同時に心理療法や行動療法などを行います。

4 自殺

　わが国の長引く不況の影響で，多くの会社がリストラ（人員削減）を断行せざるを得ない状況にあります。永年勤めた会社を，不況という理由で辞めさせられることはサラリーマンにとって大変つらいことです。リストラによって失業者が増加し，次の就職口も容易にみつからないためにうつ病になる人も多く，うつ病は増加の一途をたどっているといわれています。うつ病がさらに進めば，自殺に至ることも多く，警察庁の統計によっても，昨年度の自殺者は過去最高になったと報告されています。

　青年期の自殺は，職業的な原因が引き金になることは少なく，むしろ自己確立の過程における失敗としてみることができます。その失敗は当人に重くのしかかり，本人が跳ね返そうと必死でもがきながらさまざまな試みを繰り返しますが，結果的にすべての努力が実を結ばない場合，本人は絶望して自らの命を絶つことがあります。

　幼児期や児童期に，常に自分の欲求を押さえて，親の要求する枠組のままに育ってしまうと，児童期の後半や思春期で息苦しさを感じたり，その枠を壊したいという衝動に駆られたりします。この時期に第2反抗期という精神的にひとり立ちするための努力がなされますが，その形成に失敗すると，自分自身に対する自信や安定感が失われ，自分がどのような方向に生きていくかについての展望が見出せず，何をしても納得のいく経験とならなくなってしまいます。

　社会人となり就職をしても上司が好きでないなどの理由をつけて，周囲の説得を振り切って止めてしまったりします。そして，アルバイトなどをしながら自分探しを試みますが，アルバイト先でも納得のいかない事態に出くわし，すぐにやめ，職業を転々とすることもあります。

　この間，家庭では自分の思いや感情のままに身近な家族に当たり散らし，特に母親に自分の不満や恨みをぶつけます。その他に，これ見よがしに物を壊し

COLUMN ⑩

被虐待児症候群

　近年，わが国でも児童虐待が増加傾向にあります。虐待にはいくつか種類があり，1つ目は子どもの身体的，精神的な発達に必要なケアを提供しないネグレクトというものがあります。病気になっても病院につれて行かない，食事をちゃんと与えないなど，保護者としての義務を怠るものです。2つ目は，身体的な苦痛を与えたり，身体的暴力を与える身体的虐待です。殴る，ける，投げ飛ばすなど，身体的な被害が深刻なものです。3つ目は，子どもにとって明らかに過度の性的刺激を与える性的虐待です。4つ目は，ことばで脅すなど心理的暴力や心理的圧力を与える心理的虐待です。

　これらの虐待を受けた子どもたちは，さまざまな障害を示すことが報告されています（Ammerman & Hansen, 1990）。情緒的・身体的発達の遅れがみられる場合が多く，また被虐待児の半数は，知的な発達の遅れ，視機能の障害，ことばの遅れなどの神経学的な異常を示すとされています。この他にも，他者に対して攻撃性が強いこと，自尊心が低いこと，共感性が乏しいことなど，その影響が深刻なものであることを示しています。

　虐待を受けたり，虐待的環境で育つことは，子どもに心的外傷（**トラウマ**）を残すことが指摘されます（西澤，1999）。また，このような非常に強いトラウマを受けた人が，そのトラウマを引き起こした体験の後に示す不安，恐怖，睡眠障害といったさまざまな症状を，心的外傷後ストレス障害（PTSD）と呼んでいます。

　虐待をする親の側の問題としては，ギャンブルに凝って育児を放置したり，育児がうまくいかないことからくるストレスのはけ口を子どもに向けたりなど，親の未成熟さが指摘されます。

　虐待への援助が近年積極的に行われるようになり，被虐待児に対するチームアプローチや，虐待する家族へのアプローチなどが報告されています。その中でも上述したPTSDに着目し，トラウマに対する治療が行われるようになっています。さらには，被虐待児が受けたトラウマを遊びの中で再現する，ポストトラウマティック・プレイが扱われ，トラウマに対する介入の仕方や解釈などが研究され，その効果が報告されています。虐待を受けた子どもたちは，法的措置によって親から隔離され，年齢によって乳幼児や児童福祉施設に収用されます。施設では医療機関と連携したり，臨床心理士などのこころの発達の専門家のアドバイスを受けながら，子どもたちの援助にあたっています。

たり，自己存在の否定につながるような日記を書いたりすることで，周囲をも混乱に巻き込みます。当初，家族は身勝手な考えや行動だとして理解ができませんが，本人の苦悩が深刻さを増していくにつれ，どのように受け止め対応したらよいかを模索し始めます。しかし，適切な対応を見出せないままに時間が経過した場合は，本人の状態は悪化し，さまざまな**行動化**（アクティングアウト）がみられたりします。

やがて，本人は自分を理解してくれない家族に失望するとともに，自分探しに疲れ果てて絶望し，ついには自らの命を絶つことになります。

ストレスの多い生活を送っている私たちは，以上のような適応の失敗によってひきおこされる深刻な状態に陥らないよう，適切な自己管理が必要だといえます。

推薦図書

- 『夢分析』　滝沢清人　1992　二期出版
- 『なぜ[いい人]は心を病むのか』　町沢静夫　1999　PHP研究所
- 『生と死の心模様』　大原健士郎　1991　岩波新書

10章 生きがいのある生活の構築

　私たちは，自分の行動を自分の意思で決めていると思っています。しかし，本当にそうでしょうか。私たちは，社会の中で，周囲の人とともに生きています。そうである以上，社会や周囲の人たちに影響されている部分も多いのではないでしょうか。しかし，だからといって，社会に流されるだけで生きているわけでもありません。周囲の人とふれあいながら，自ら理想を持ち，自ら行動し，その中で充実感や幸福感を得ているのです。本章では，まず，社会の中で人がどのように行動するものかをみていきます。さらに，現代社会に生きる私たちにとって結婚や職業はどんな意味をもち，どのように生きがいとなるのかをみていきましょう。

1　社会的行動とは
2　集団と個人
3　現代社会の特質
4　生きがいのある生活の構築

1 社会的行動とは

　私たちは日頃，社会の中でいろいろな行動をしています。友だちと話をする，身振り手振りで伝える，困っている人を助ける，人だけでなくモノに当たり散らす，などです。また，こうした具体的な外に現れた行動のみではなく，他者がどのような人であるかの判断や，他者や社会で起きたことに対して意見をもつといったことも行っています。このような，社会の中で人やモノに対して行われる行動を**社会的行動**といいます。以下では，基礎的な社会的行動として，対人認知と社会的態度について考えることにします。

1 対人認知

> Q 25：田中氏は，ハーバード大学卒業，27歳，独身で，彼についての紹介文には，彼のことを温かく，頭がよく，行動力のある人だと書かれています。
> 　さて，あなたは，田中氏を社交的な人だと思いますか。自己中心的な人だと思いますか。怒りっぽい人だと思いますか。
> 　では，田中氏の紹介文の「温かい」が「冷たい」であったとしたらどうでしょう。違う印象をもつようになりますか。

●印象形成

　私たちは，ある人物についての外見や行動などの断片的な情報から，その他者についての全体像を作り上げ，すなわち**印象形成**をします。その情報がわずかに違うだけでも，あるいは呈示される順番が違うだけでも，印象は全く異なったものになります。たとえば，次に紹介するケリー (Kelley, 1950) のような実験があります。Q 25 に示した田中氏の例は，この実験を参考にして作ったものです。

　ケリーは，大学の授業に出席している学生に対して，臨時の講師が来ることになったと告げ，臨時講師の人柄を紹介しました。その紹介文は2種類あり，被験者の大学生の一群に「温かい」という特性語の含まれた紹介文を読ませ，もう一方の群には「温かい」のかわりに「冷たい」という特性語が使われ，そ

れ以外はまったく同一の紹介文を読ませました。その後，実際にその臨時講師による授業が行われ，授業終了後に臨時講師の印象が測定されました。

両群の印象評定結果は**表 10.1**のようになりました。「冷たい」という特性語を読んだ被験者の方が，刺激人物をより否定的に認知していたことがわかります。つまり，「温かい」「冷たい」という一語のみが違う紹介文を読んだことによって，同じ人物について異なった全体的印象が形成されたのです。

表 10.1　紹介文が印象評定に及ぼす影響 (Kelley, 1950)

印象評定項目	紹介文 温かい	冷たい
思いやりのある―自己中心的な	6.3	9.6
社交的な―非社交的な	5.6	10.4
人気のある―人気のない	4.0	7.4
ざっくばらんな―堅苦しい	6.3	9.6
おだやかな―怒りっぽい	9.4	12.0
ユーモアのある―ユーモアのない	8.3	11.7
人情味のある―人情味のない	8.6	11.0

注：数値が大きいほど，印象が否定的であることを表す。

私たちは，わずかな情報から，その人の全体像を作り上げることができます。さらにそれだけでなく，パーソナリティ，能力，情動，意図や態度など，その人の内面的な特性までも推論します。このことを**対人認知**といいます。紹介文には載っていないようなことや，その人が見せなかった部分についても判断をします。

その際，ケリーの実験が示すように，いったん先入観ができあがると，それが大きな働きをするようです。つまり，被験者は紹介文から「この人は温かい人だ」「冷たい人だ」という先入観をもち，その先入観によって，後で同じ情報を受け取っていても，その解釈が違うものになってしまったというわけです。

●対人認知を歪める先入観

私たちが他者に対してもつこうした先入観は，相手についての認知を大きく歪めてしまいます。

たとえば，ある女性を見る時，その人を司書だと思って見るのとウェイトレスだと思って見るのとでは，その女性について記憶される内容が違います (Cohen, 1981)。司書だと思うと司書らしい特徴に，ウェイトレスだと思うと

ウェイトレスらしい特徴に注意が向きやすく、それ以外の情報には注意が向かず記憶されにくいのです。先入観と合わない情報は無視されやすいというわけです。

　この職業の人はこのような特徴をもっているはずだ、といった信念のことを職業ステレオタイプといいます。**ステレオタイプ**とは、人を性別、職業、人種などカテゴリーに分けた時の、そのカテゴリーに属する人に共通して認められると考えられる特徴についての固定観念です。これを特定の個人にあてはめて認知することを**ステレオタイプ的認知**といいます。先の司書とウェイトレスの場合も、あらかじめ女性の職業を聞いたため、それぞれの職業ステレオタイプに沿った認知が行われたといえます。

　ステレオタイプが対人認知を歪めることを示す例をもう1つみてみましょう。ダーリーとグロス（Darley & Gross, 1983）は、大学生被験者に、まず、小学生の女の子が遊んでいる場面を撮影したビデオを見せました。そのビデオは、その子の家庭の社会経済的地位（高―低）がわかるようなものになっていました。次に、その子が学習課題にとりくんでいるようすを撮影したビデオを見せ、被験者にその子の学力を推測させました。その結果、社会経済的地位が高いことを示すビデオを見た被験者の方が、低いことを示すビデオを見た被験者よりも、その子の学力を高く推測したことが示されました（図10.1）。これも、社会

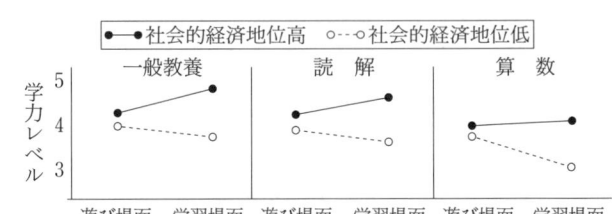

図10.1　社会経済的地位のステレオタイプが学力評定に及ぼす影響
（Darley & Gross, 1983より作図）

経済的地位についてのステレオタイプが認知に影響したことを示しています。私たちは、他者について、ありのままに正確に認知していると思いがちです。しかしどうやら必ずしもそうではないといえそうです。

COLUMN ⑪

血液型ステレオタイプ

　コンパなどで，キミ何型？　あ，やっぱりね，などという会話がしばしば交わされます。いわゆる血液型性格判断は，A型の人はこんな性格でO型の人はこんな性格であるというふうに，血液型が同じ人には同じ性格があてはまると考えることであり，ステレオタイプにほかなりません。しかし，血液型によって性格が違うと感じられるのはあくまでも認知の錯覚です。血液型によって性格が異なるという主張には，合理的な根拠はないとされています。にもかかわらず，こうした錯覚が起きるのは次の3つの効果のためだとされています（大村，1991）。

① フリーサイズ効果：血液型性格判断で用いられる性格の特徴には，「人の視線に敏感」といった，誰にでもある程度はあてはまるようなものが多いのです。誰でも着ることのできるフリーサイズの服のようなものです。

② ラベリング効果：フリーサイズ的な性格特徴に○○型の特徴であるというラベルをつけて押しつけられてしまうと，それが先入観となり，それに含まれる性格特徴にのみ注意が向くようになってしまいます。

③ インプリンティング効果：○○型は＊＊の性格特徴をもつという考えがいったん刷り込まれると，自分に対しても他者に対しても，○○型だから＊＊なのだという見方のみに偏ってしまうようになります。

　こうして形成された錯覚は，さらに次のようなプロセスで，いっそう強化されることになります。「A型は○○」という信念をもつと，それと一致した起こりうること，すなわち「A型のAさんは○○のようなことをするに違いない」と予期するようになります。こうした予期をもって実際のAさんの行動を観察すると，予期していたことが選択的に認知されます。その結果，「やっぱりA型の人は○○なのだ」と，信念がいっそう強められてしまうというわけです。このような信念や予期が現実に成就するプロセスは，**自己成就予言**の過程と呼ばれます。

　いったん形成されてしまった血液型ステレオタイプは，なかなか強固なものです。しかし，こうしたステレオタイプが，「○○型の人とは相性が悪い」とか「○○型の人は嫌いだ」といった反応と結びつき，**偏見**や差別につながる可能性があることを忘れてはいけないでしょう。

2 社会的態度

　私たちは，映画，食べ物，人間，原子力発電所など，いろいろなものに対して好き嫌いがあり，賛成・反対の意見をもち，良し悪しの判断をしています。こうした事物，人間，集団，社会事象などに対して，一定の仕方で反応させる傾向性や反応の準備性のことを**社会的態度（態度ともいう）**といいます。人と話をしていて，意見がぶつかり嫌な気持ちになることもあります。相手の人がどんな考え方をするかを察知して，それに合わせてしまうこともあります。それどころか，周囲に影響されて本当に考え方が変わってしまうこともあります。ものごとに対する態度は，なぜ人によって違うのでしょうか。そもそも，社会的態度はどのように決まるのでしょうか。

●**態度とは**

　友人を映画に誘うため，あらかじめチケットを買っておこうと思います。こんな時，どんな映画のチケットを買うべきか，その友人はどんな映画が好きなのかは，彼／彼女の日頃の言動から推測が可能です。友人は，恋愛映画は人間の真実を描く優れた哲学だとか，人生が描かれているなどとよく言っています。映画館でもビデオでも，映画を観る時には必ず恋愛映画を選んでいます。先月もAという恋愛映画を観にいっていました。つまり，友人は恋愛映画が好きであり，今週上映されているBという恋愛映画も，喜んで観にいくだろうと推測できるのです。

　このように，社会的態度は，外に現れた反応から推測できるものです（Rosenberg & Hovland, 1960）。外に現れた反応の背後に態度というものがあり，それが具体的な反応をさせていると考えられるからです。

　さらに，態度には，感情，認知，行動の3成分があるとされています。クレッチら（Krech et al., 1962）によると，第1の感情的成分は，快―不快，好き―嫌いとして感じられるものです。第2の認知的成分は，対象に対する評価的信念で，望ましい―望ましくない，良い―悪いといったものであり，第3の行動傾向成分は，態度対象に対する接近―回避の行動的準備状態だとされています。

　つまり，観察可能な刺激（"恋愛映画"）と友人の感情，認知，行動に関する

観察可能な反応（恋愛映画が好きだといった，優れた哲学だといった，いつも観ている）から，"恋愛映画"に対する好意的態度が推測されるのです。

●態度はいかに形成されるか

こうした社会的態度は，どのようにして形成されるのでしょうか。クレッチらは，**態度形成**に及ぼす要因として，次の４つを指摘しています。

①個人の欲求：欲求を満たしてくれるもの，あるいはそれに役立つものに対しては好意的な態度が形成され，欲求充足をさまたげるものに対しては非好意的態度が形成されます。

②情報への接触：態度対象に関する情報を見たり聞いたりすることによって，態度が形成されます。特に，対象に対して知識や関心のない場合，触れた情報の内容いかんによって，態度の好意・非好意は影響されます。

③所属集団：所属している集団のルールや価値に一致する方向で態度が形成されます。

④個人のパーソナリティ：個人のパーソナリティによって，情報の受け止め方や集団に影響される程度が異なるため，同じ情報に触れ同じ集団に所属しても，人によってさまざまな態度が形成されます。

人によってある対象に対する態度が違うのは，各個人の欲求やパーソナリティが異なり，経験してきたことや置かれている環境が異なるからであるといえるでしょう。

●態度変容

> Q 26：たとえばあなたの恋人が，あなたと同性の知人をすごくほめたとします。あなたは，その知人を以前からとても嫌な人だと思っています。あなたは，その知人について，考え方を変えますか。それとも，恋人についての考え方を変えますか。

態度とは，ある程度持続性のあるものです。しかし，なんらかの原因によって変わることもあります。こうした**態度変容**がなぜ起こるかというメカニズムに関する研究や，それをうながそうとする**説得的コミュニケーション**に関わる研究は多くあります。ここでは，ハイダー（Heider, 1958）の**認知的均衡理論**を取り上げ，先の恋人と知人の例を考えてみます。

この理論では，認知者である個人P，他者O，第３者Qの３者関係を想定し

ます。第3者がものごとである場合は通常Xと表現しますが、ここでは人間Qとして考えます（図10.2）。

この3者の間には、他者に対する個人の態度、第3者に対する個人の態度、第3者に対する他者の態度という3つの関係についての個人の認知が存在します。この3つの態度の内容、すなわち3つの関係の性質は、好意的（＋）か非好意的（－）か、あるいは結びつきがある（＋）かない（－）か、のいずれかになり得ます。この場合、ポジティブな態度をもっていれば＋の符号、ネガティブな態度であれば－の符号で表現しています。そして、3つの符号の積が正になる時は均衡状態、負になる時は不均衡状態と判定されます。

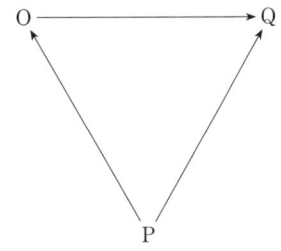

図10.2　認知的均衡理論が想定する3者関係

不均衡状態は、認知者にとって不快なものです。そのため、認知者は、3つの態度関係のいずれかを変化させることによって均衡状態にしようとします。

たとえば、先ほどの例では、あなた自身Pの恋人Oに対する態度は当然好意的（＋）であり、あなたは知人Qを嫌い（－）であるのに、恋人Oは知人Qに対して好意的（＋）、ということになります。この3者関係の符号の積は負になりますから、これはあなたにとって不快な不均衡状態です。そのため、あなたは、知人に対する態度を＋に変える（恋人がほめる人なのだから、悪い人ではないのかもしれないと思う）か、恋人に対する態度を－に変える（見る目のない人だと思う）か、いずれかの態度変容によって、3者の均衡関係を回復しようとすることになると考えられます。

2　集団と個人

集団の中にいると、1人の時とはまったく違う行動をとってしまうことがあります。それは、自分の意思に反していることもしばしばです。集団の何が私たちをそうさせているのでしょうか。私たちは、集団に属することで、どのような影響を受けているのでしょうか。

1 集団の中の個人

　毎年，就職活動の時期になると，学生たちは一様に，ジーパンとTシャツから紺のスーツに着替え，ピアスをはずし，長い茶髪を控えめな髪型に変えます。それまで思い思いの服装をしてきた人たちが，なぜ個性の全く感じられないような服装をするようになるのでしょうか。それは，面接試験に合格するためにどうしたらよいかを「知っている」からです。

　私たちは，学校，サークル，職場など，さまざまな集団に所属しています。そこには必ず，こうするべきだとか，こうであった方がよいといったきまりがあります。それは，その集団のメンバーが相互に**期待**している行動の仕方のきまりであり，これを**集団規範**といいます。つまり，学生たちには，会社訪問ではきちんとスーツを着るのが望ましいという集団規範があり，彼らはそれに則っとって，その規範どおりに行動しているというわけです。

　規範が個人にいかに影響するものかをアッシュ (Asch, 1955) は次のような実験で明らかにしています。彼は，7～9人からなる集団を作り，**図10.3**のような図形を示し，aと同じ長さの線分をbの中から選ばせ，1人ずつ他のメンバーの前で口頭で回答させました。その際，1人を除く全員が実験前に実験者

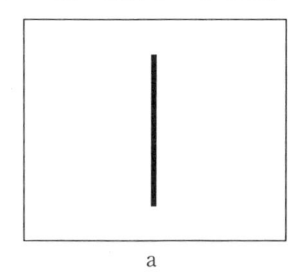

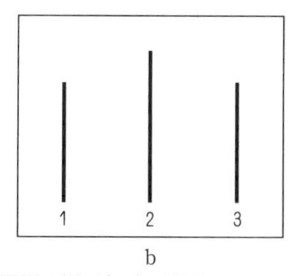

図10.3　アッシュの用いた図形の例 (Asch, 1955)

から頼まれたとおり，わざと間違った答えを言い，残りの1人がどのような回答をするかが観察されました。その結果，周囲の全員が間違った回答をすると，残りの1人も，それが間違いであると思いながらも皆と同じ間違った回答をするということが明らかにされたのです。つまりこの場面で，最後の1人は，多数派の意見に引きずられたのです。このように，自分の意見や判断や行動を他者のそれに合致するように変えることを**同調**といいます。リクルートファッシ

ョンの学生たちは，会社訪問ではスーツを着るべきだという規範を認知し，しかも多くの人が紺のスーツを着ているので，自分もそれに同調して紺のスーツを選んでいると思われます。

では，人はなぜ同調行動をするのでしょうか。その理由として，もし規範どおりにしないと，他者から嫌われたり笑われたり罰を与えられたりするかもしれないという不安の存在が考えられます。つまり他者に受け入れられるために同調するのであり，このような場合を**規範的影響**による同調といいます。一方，多くの人がそう判断するのだからそれが正しいのだと考えて同調することもあります。他者や集団の判断をよりどころとして，正しく適切な判断をしたいと思って同調する場合で，こうした同調は**情報的影響**によるものといわれています (Deutsch et al., 1955)。集団の中にいることで，ものごとに対する意見や態度や行動が変わってしまうというわけです。

2 集団間の対立

●内集団ひいき

日頃はあまり気にしていなくても，オリンピックやワールドカップなどを観るとき，自分が○○人という集団の一員だと思っていることに気づかされます。わたしたちは，自分は○○の国民だ，とか，○○大学の学生だ，とか，自分自身をある集団のメンバーとして考えています。

自分が所属し，自分がそこのメンバーだと感じられる集団のことを**内集団**といいます。これに対して，自分が所属していない集団を**外集団**といいます。「自分の」集団は，時と場合によって変わるものです。学校の運動会などでは隣のクラスをライバル視し，自分のクラスの生徒だけを応援していたのに，学校対抗の競技会になると，隣のクラスの生徒を一生懸命応援したというような経験のある人もいるでしょう。ある時は，○年○組が自分の内集団であり，ある時は○○学校が内集団になるのです。

このとき，その内集団は，自己の一部になっているといえます。自分の内集団が，あるいはそのメンバーが，たとえばオリンピックで優勝すれば，自分自身が優勝したわけでもないのに誇らしく思うでしょう。つまり，ある集団に属することによって，○年○組のメンバーとしての私，○○学校のメンバーとし

ての私，という自己の定義ができるのです。

　そして同時に，その集団のメンバーとしての感情も生まれます。人間は自己を優れたものと思いたいものであり，したがって自分の内集団も優れた価値あるものと考えようとする傾向があるとされています。そうした傾向が，内集団のメンバーをひいきして認知したり，外集団に対して否定的なステレオタイプをもったりする，**内集団―外集団バイアス**という現象を引き起こすのだと考えられています (Tajfel et al., 1986)。

●集団間対立の発生と解消

　内集団を外集団と区別することによって，集団内での仲間意識が生まれます。しかし，それが「よその人」を排除し差別するという結果を生み出すこともあるのです。

　シェリフら (Sherif et al., 1961) は，集団と集団がいかに排他的になり，いがみ合うようになるか，また逆に，いかにすると友好的な関係をもつことができるようになるかを示唆しています。彼らは，サマーキャンプに参加した少年たちを2つの集団に分け，まず数日間は別々に活動させました。その後，集団間で競争し合うような活動をさせたところ，両集団の敵意が高まり対立するようになります。映画会や食事会を開いて両集団が接触する機会を作ってみましたが，集団間の対立はむしろ深まってしまいます。そこで次に，集団間で協力しないと解決しないような課題を与えて活動させたところ，集団の対立が解消したというのです。つまり，競争が集団間の対立と偏見と差別をもたらし，協力がこれを解消したというわけです。

　集団間の競争は，集団内での結合を強めます。しかし，同時に集団間を対立させる効果も併せもっています。シェリフらの研究で，協力関係が対立を解消させたということは，いわば，そこにいる人々すべてが内集団になることによって，偏見や差別がなくなることを示唆しているように思われます。

3 現代社会の特質

1 人間関係の希薄化

　以上でみてきたように，私たちは意識するしないにかかわらず，社会の中で他者から大きな影響を受けて生活しています。社会や他者との影響関係から切り離して，私たちの心理や行動は成り立たないし理解することはできないということです。

　ところが現代の日本社会において，周囲の他者との関係は，どんどん希薄になっています。すでに社会問題になっている少子化は，家庭や近所での異年齢集団での遊びの機会を減らしました。また，マンションの密室で1人で子育てをする（せざるを得ない）母親には，相談をしたり頼ったりする相手が近くにいません。1つひとつの家族が地域社会とは無関係にあり，1人ひとりの人間が自分だけの個室に閉じこもっています。その一方で，インターネットにより，遠くに住む人と簡単にコミュニケーションができるようになりました。このインターネットの普及は，新しい形での対人関係のあり方を示していますが，遠くにいる他者との時間的空間的距離が自分を守ってくれるという点で，対面する対人関係よりは気楽なもののように思えます。また，携帯電話の普及も，その便利さもさることながら，自分と価値観の合う，大切な人だけとの個々のつながりを非常に大事にする現代人の志向を示しているように思えます。

　このような時代であるからこそ，**社会的スキル**を身につけることが必要になります。社会的スキルとは，さまざまな場面で他者に対して適切に反応する技能のことで，日常の他者とのふれあいの中で少しずつ学習されるものです。しかし今日では，他者とふれあう機会が少なく，したがって日常的な訓練の機会が減少し，他者とどのように関わればよいのかがわからず，その不安がまた他者との接触を控えさせることにもなっているようです。自分の社会的スキルのどこに問題があるかを分析し，どのような行動が適切かを学び訓練することが，自分にとっても他者にとっても豊かな関係を築くために必要と思われます。

2　目標のもちにくさ

　現代社会の特徴のもう1つとして，価値の多様化が指摘されています。「○○であれ」とか，「○○でなければいけない」というような理想像を一方的に押しつけられることは少なくなりました。学校でも，教育目標として個性の伸長が掲げられ，1人ひとりの能力や適性が理解されるようになり，1人ひとりの考えや主張が受け入れられやすくなっています。往々にしてそれは自分勝手と混同されるきらいはあるにしても，価値観が多様であることは，そこで生きる人にとって柔らかい環境であるといえるでしょう。

　しかし一方で，こうした状況は「目標のもちにくさ」を生み出しているように思えます。現代の日本社会は経済的に豊かな高学歴社会であり，したがって，たいていの子どもたちは，がんばって上の学校に行っても今以上に豊かに暮らすことは望めません。また，幼い時から豊かに育ったため，今以上の豊かさを求める必要もありません。良い学校に行って良い会社に入ることは，もはやすべての人の目標にはなり得なくなっています。かといって，「○○であれ」，「○○でなければいけない」，といった新しい目標を誰も与えてくれません。つまり，現代社会は，価値観が多様化し，目標をもちにくくなっているからこそ，自分で自分にとって価値ある目標を見出さなくてはならない時代なのであり，また，そうすることのできる力が必要とされる社会であるといえるでしょう。

　人間とは，本来，自己形成的な存在です。梶田（1988）は"人の一生は自分自身をなんらかの形でイメージ化し，そのイメージに基づいて自分自身に働きかけ，意図的計画的に，あるいはほとんど意識することなく，自分自身のあり方を作り上げていく過程として捉えることができる"といっています。自分がどんな人になりたいのかをイメージし，そのために何をしていけばよいのかを自分で考え，自分を作り上げていく力が必要だといえるでしょう。

4　生きがいのある生活の構築

　本章の前半では，人がいかに社会や周囲の他者に影響されて行動しているかということについてみてきました。しかし，私たちは，社会に流されるだけで

生きているわけではありません。周囲からの期待を受けとめつつ、自分なりに自分の理想をイメージし、自分自身を作っているのです。青年期から壮年初期にかけての発達課題として、結婚と就職があります。これらは、選択の幅が広い中から自分で選択し、自分を作っていく重要なきっかけになります。もちろん社会や周囲の他者からの影響も受けますが、自分の理想を実現できる機会でもあり、生きがい感とつながりやすいといえるでしょう。

1 結婚と家庭生活

> Q27：男性に質問します。あなたは結婚したら、自分の妻には仕事をせずに家にいて欲しいと思いますか。それはなぜですか。
> 女性に質問します。あなたは結婚したら、仕事を辞めて専業主婦になりたいと思いますか。それはなぜですか。

伝統的な価値観のもとでは、男は外で仕事をし、女は家の中で家事や育児をするものだとされてきました。社会の中で、それぞれの性にふさわしいと期待される行動の仕方やパーソナリティ、態度などのことを**性役割**といい、性役割についての考え方を**性役割観（意識・態度）**といいます。男性は仕事中心で積極的でたくましく、女性は家庭的で共感的で控えめであるというのが、いわゆる伝統的な性役割観です。性役割観は職業についての考え方にも反映されており、たとえば「女性パイロット」とか「女医」ということばが使われたりすることから、少なくとも日本では、パイロットや医者などの職業は男性の役割であるという認識のあることがわかります。また保育士という職業は以前は「保母」と呼ばれ、保育にたずさわるのは女性の役割と考えられてきました。

現在では、男女雇用機会均等法が施行され、職業制度の上では男女の区別がなくなりました。また、育児休業制度により、男性が育児休業をとることもできるようになっています。

しかし現実には、伝統的な性役割観は根強く残っているようです。労働省女性局の平成10年版女性労働白書（1999）では、総理府「男女共同参画社会に関する世論調査」（平成9年）に基づいて、「女性は結婚後は夫・子どもなど家族を中心に考えて生活した方がよい」という意見に賛成と回答した女性が58％、男性67％、「女性は仕事をもつのはよいが、家事・育児はきちんとすべき」に賛

成が女性 85％，男性 89％と報告しています。男女とも，家事・育児は女性の役割という考え方をもっており，一般的な傾向として，伝統的な形の性役割が期待されていることがわかります。

　しかし，各個人の性役割観が，社会の期待する性役割とずれている場合，それは結婚生活への不満につながるようです。森永ら（Morinaga-Okada et al., 1988）は，大学生が認知した社会一般の性役割観と，本人の役割分担に関する希望との間にズレがあることを明らかにしています。おおよそのところ，外での仕事も家事の分担も，女子学生は社会の規範よりも平等志向であり，男子学生は伝統的な分担を希望しています。そして，そのズレは，結婚生活や配偶者への満足感に大きな影響を与えています。森永ら（Morinaga et al., 1992）によると，家事分担の現実と希望のズレが満足度とどのように関連しているかを検討したところ，妻はほとんどの家事を行っており，家事分担の現実と希望のズレが大きいほど満足度が低いことが明らかになりました。一方，夫の満足度は，家事分担とは無関係でした。

　つまり，女性は，社会や夫から伝統的な性役割を期待され，実際それに従っているが，自分自身がそれとは異なる性役割観をもっている場合，その家庭生活は満足のいかないものになってしまうということです。女性にとって，結婚生活に満足し，幸福を感じられるかどうかの決め手の1つは，各個人がどのような性役割観をもっているかであるといえるでしょう。

　では男性にとって，結婚や家庭生活は満足感や幸福感といかに関わるのでしょうか。この点に関する研究は多くはありませんが，福丸・無藤（1999）は，男性は，家庭生活がうまくいくことが仕事に良い影響を与えると感じていることを報告しています。そして，そのように感じられることが，男性の心理的健康度を高めるようです。

2　職業生活

　学校卒業後の進路選択はさまざまです。最近では，卒業してもすぐに定職には就かず，いわゆるフリーターをするという若者も多くいます。仕事に求めるもの，あるいは生きていく上での価値観が多様になっていることの反映ともいえるでしょう。

職業を選ぶ時，日本の大学生はどのようなことに価値をおきどのようなことを重視するのでしょうか。森永（1994）の調査によると，仕事に関する価値観として，給料や経営の安定などの労働条件，キャリアや業績を積むことなどのキャリア志向，家族との時間や育児休暇の有無などの家族への配慮，仕事を通して社会に貢献できることや他人の役に立つことといった社会的貢献，仕事に知的な刺激があることや仕事内容に変化があることなどの知的刺激，の5因子があるようです。男女で比較してみると，キャリア志向は男性よりも女性の方が弱く，しかしその他の因子に関しては女性の方が重視していました。男性は職業における達成を目標としがちであるのに対して，日本の女性はキャリア志向が弱く，むしろ家庭や自分自身の成長などを目標とする傾向があるようです。

　また，職業選択の際に気になるのは，自分が何に興味があり，自分にはどのような能力や適性があるか，ということでしょう。職業適性検査には，さまざまなものがありますが，たとえば興味の面での適性検査として，VPI職業興味適性検査があります。これは，興味領域を現実的，研究的，芸術的，社会的，企業的，慣習的の6領域に分け，どの領域に興味があるのかを測定します。能力の面での適性検査である一般職業適性検査は，言語能力，数理能力，指先の器用さ，空間判断力など9つの領域での能力を測定し，それに基づいて，どの職業が適しているかを判定しようとするものです。

　さらに梶田（1990）は，特に現代における職業適性の条件として，次の3つが重要であると述べています。1つ目は，一般的な知的能力です。これは，新しいものを学習する能力と新奇な状況に臨機応変に対処する能力のことをさします。急速な技術革新は，次々と新しい技術，モノ，システムをつくり出しています。新しく開発されたそれらを積極的に学び，取り入れていく力が仕事をしていく上でも必要です。また，現代社会では，新しい企画をたてたり他者と交渉をしたりと，教えられたとおりのことをやるだけでなく，知的な能力を駆使し状況に応じて対応する能力が必要とされる仕事が多くなっています。

　2つ目は，協調性です。多くの企業が，採用条件としてこの協調性を挙げています。現代日本では1人でこつこつやっていくといった**職務** (job) は非常に少なくなり，たいていの場合，組織の中で他の人とチームを組んで仕事をするようになっています。組織から独立して仕事をしている人も，他の人と関わり

なくやっていくことはできないでしょう。他者と協調し，協力し合って仕事を進める力はもはや不可欠にまでなっていると，梶田はいっています。

　3つ目は使命感です。これは，自分の仕事に対して自分なりの意義づけをし，そこから生きがいを汲み取ることです。就職の時点では，能力的に適性がありさえすれば仕事を覚えることはできるでしょう。しかし，長期的にその仕事に打ち込み，実績を上げていくためには，その職務がその人にとって生きがいのあるものでなければならないのです。仕事が単なる食べるための手段，生きるための手段でなくなった現代社会では，自らの仕事に意義を感じ，その仕事をすることによって自分の可能性を実現できると感じられることが必要です。

　このようにみてみると，職業をもつことにおいては，職務をきちんとまっとうできることと，それが他者の役に立つだけでなく自分にとっても意義があり，生きがいを感じられることが重要なようです。そして，職業に就いて充実感や生きがいを感じるためには，能力や興味など自分自身をよく知ることだけでなく，その職業がどのような知識や技能を必要とし，どのような価値観のもとでどのような形で行われるのかを知り，その職業に就くことによって自分自身の望む生き方が実現できるかを感じとる必要があるといえます。

　私たちは，男性あるいは女性であり，家庭では親や子であり，家の外では学生や職業人であることを期待され，行動しています。人は社会的存在であり，他者と共に生きている以上，他者からの影響を受けずにいることはできません。しかし，社会一般の考え方や他者からの期待だけにしばられるのでなく，理想的な自分のあり方を自分なりに描き，両者の間で折り合いをつけて，社会に適応した自分らしさをつくり上げていきたいものです。

推薦図書

- 『社会的スキルと対人関係―自己表現を援助する―』　相川　充・津村俊充（編）1996　誠信書房
- 『社会的アイデンティティ理論―新しい社会心理学体系化のための一般理論―』M. A. ホッグ・D. アブラムス／吉森　護・野村泰代（訳）1995　北大路書房
- 『職業・人事心理学』　松本卓三・熊谷信順（編著）　1992　ナカニシヤ出版
- 『対人行動の心理学』　対人行動学研究会（編）　1986　誠信書房

Q 解答

1章

【Q1】(P.10)ネズミは短期間に繁殖するので,同じ両親から産まれたきょうだいが多数得られ,また,人間では人道上できない(たとえば数日間餌を与えないで空腹状態にするような)刺激条件が容易に操作できるので,科学的な実験がしやすいメリットがあります。動物を被験体として得られた結果は,人間の心性を理解する上でたいへん示唆に富む情報を提供してくれます。また,絶滅種についてはその保存のために,有害種については駆除のために役立てることもできます。

【Q2】(P.14)どれが正しいという選択肢がある訳ではありません。根気のある人は何度でも受験してみたらよいでしょう。幸運にも合格する場合もありますし,そのような経験を経てしだいに自分理解が図れるようになるものです。しかし,やはり生産的な方法は,自分自身の能力を再度点検し,志望する会社のむずかしさの水準と合致するかどうかを調べて,乗り越えられる範囲であれば試験勉強して再度挑戦すればよいし,むずかしければ志望かえを検討するほうがよいと思います。最近の学生は,数回の失敗で自信をなくし,弱気になり,すぐに断念する傾向がありますが,前向きに自分理解を図る方向で努力したいものです。

【Q3】(P.16) 1.については,在学している大学に誇りと,「私たちの大学」という一体感意識をもち,今,何をすることが二度とない人生にとって大切であるかを考え主体的に取り組むような生活を送っていることがポイントでしょう。

2.は,生きていることの意味や,社会にとってかけがえのない人間であることを自覚しており,さらに社会が自分を必要とし,それに応えようとする使命感をもっていることが,育っているかのポイントでしょう。

2章

【Q4】(P.24)親子,きょうだいなど血縁関係にある者の間には,多くの類似点と,それと同じくらいの数の相違点があります。一家団欒の場で,家族みんなでお互いの似ているところ,違いのあるところを話し合ってみてはいかがでしょうか。思いがけない自分発見につながるかもしれません。

【Q5】(P.32)幼児や児童の職業選択は,空想的な色彩が強くでます。人目につく胸をわくわくさせるような職業,電車やバスの運転手,野球やサッカーの選手を選ぶ児童が目立ちます。女子では,幼稚園や保育所の先生,小・中・高校の教師,看護師など他者に愛情をもって接する職業に憧れを抱くようです。

青年期以降,自己の能力,価値観,興味などを考慮し,職業適性を考えて自分の職業を選択し始めます。

【Q6】(P.33)どのような異性を「好ましい」結婚相手と考えるかは個人によって異なるでしょう。一般には,「思いやりのある」,「やさしい」,「明るい」,「生き生きとしている」など温かい人柄が好まれるようです。配偶者を選ぶ時,似た者どうしがよいのか,お互いに補い合う者どうしがよいのか,多くの場合,一生に一度の選択ですから,慎重を期すにこしたこ

とはありません。

3章

【Q 7】 (P. 44)点字が移動する器械では点字を読み取りにくく，指を動かす方がよいようです。これも知覚・認知における身体動作の重要性を表す一例です。

【Q 8】 (P. 45)自らの意思で身体を動かしている時と，何かによって身体が動かされている時のどちらの場合でも，眼にはブレたビデオ画像のような光景が映っています。しかし，ビデオ画像を見ている自分は静止しているので，脳は「自分は何かによって動かされている」と判断します。この状態は乗り物酔いの場合と同じですので，気分が悪くなるのです。

【Q 9】 (P. 48)耳たぶのピアスの穴から白い糸（視神経？）が出てきて，それを引き抜くと目が見えなくなったという話を聞くことがあります。しかし，視神経は大脳の底面に沿った，頭の奥深くを通っていますので，耳たぶから視神経が出ることはありません。

4章

【Q 10】 (P. 56)嫌いになるようになった背景には，条件刺激と無条件刺激とのかなり反復された提示があったことが予想されます。不快体験と特定の食べ物や場所に対する嫌悪感が結びついた結果でしょう。

【Q 11】 (P. 58)アルバイトの時給 850 円と 1500 円とでは自ずとやる気や意気込みも違ってくるでしょう。同じ正の強化子であっても，正の強化子の内容や質によっても，私たちの行動は影響を受けます。

【Q 12】 (P. 62)どんなに活動そのものが自分の好きなことで楽しいと感じることができても，人間関係がうまくいかずにやめてしまうということは日常よく耳にすることです。このようなことからも，人間の行動を起こす動機づけとして親和動機が強調されてきたことがうなずけます。

【Q 13】 (P. 68)下山 (1986) の職業未決定尺度によると，1．は確信をもって選択した職業決定の状態である「決定」について，2．は職業意識が未熟なため将来の見通しがなく，職業選択に取り組めないでいる状態を指している「未熟」について，3．は職業決定に直面して不安になり，情緒的に混乱している状態に関する「混乱」について，4．は職業決定を猶予して当面のところは職業について考えたくないという「猶予」について，5．は職業決定に向かって積極的に模索している状態に関する「模索」について，6．は自らの関心や興味を職業選択に結びついていこうとする努力をしない「安直」についての尺度の項目にあたります。

5章

【Q 14】 (P. 77)たとえば，山下　清画伯は，その1例です。このような人たちの能力を，イディオサバンとかサバン症候群といいます。現在，世界で 100 人以上の人が確認されています。

【Q 15】 (P. 78)試行錯誤による問題解決は，一度問題が解けても，次に同じような問題を解くと，また同じぐらいの時間がかかってしまいます。一方，洞察による問題解決は，いったん問題が解けると，同じような問題はすぐ解けるようになります。ケーラー (1917) は，動物の洞察について次のように説明しています。①問題は突然解決され，いったん獲得されると持続する。②動物が一度正しい解決法が分かったようにみえると，行動は連続的でスムーズに生ずる。③動物は，実際の行動を起こす前に，心的に（心の中で）問題を解決するように思える。

【Q 16】 (P. 88)アルツハイマー症などの神経変性疾患は,なかなか予防がむずかしいようです。しかし,脳血管性痴呆や廃用性痴呆は,その人の日頃の生活習慣が決め手になります。金子（1998）は,その予防策として,①夕食などの時間に楽しい会話があること,②家庭でゲームをしたりして楽しむこと,③家族がテレビだけ見ていないこと,④一緒に出かけること,⑤仕事のことだけで時間を浪費しないこと,⑥心を豊かにするために日ごろの努力が必要であること,などを上げています。

6 章

【Q 17】 (P. 93)どのように覚えてもかまわないのですが,次のように区切ると覚えやすいかもしれません。

　　　　　365　24　60　60

　こうすれば,1年間は365日で,1日は24時間で,……というふうにまとめて,簡単に覚えることができると思います。

【Q 18】 (P. 100)たとえば,大学での時間割の組み立て方やパソコンの使い方というのが挙げられると思います。初めての時のとまどいとスクリプトが身についてからのスムーズさを比較してみて下さい。

【Q 19】 (P. 102)シドニーの前はアトランタでした。その前はバルセロナ,もう1つ前はソウルでしたね。

7 章

【Q 20】 (P. 111)養育者との情緒的交流は,ことばの獲得にとって基盤となるとともに,愛着の形成や子どもが基本的な人間観（基本的信頼感）を形成させる土台ともなります。

【Q 21】 (P. 120)ことばは,所記と能記から成り立っており,両者は恣意的に結びついています。さらに,その言語社会で共有される規約性を併せもちます。また,ことばは,伝達機能以外に思考や行動を制御するという機能をもちます。

8 章

【Q 22】 (P. 135)これはクーン (Kuhn, M. H.) らが1954年に発表した20答法と呼ばれる心理テストです。標準化された心理テストではありませんが,「20の私」を記述し,自己像あるいは自己意識を分析し,自分理解を深めていくための方法です。クーンらは,「20の私」を次のように整理しています。まず,「私は学生です」「私は経済学部に所属しています」「私は鹿児島県出身です」など,誰もが認めることのできる客観的事実に関する記述を合意反応とします。また「私は神経質です」「私はおっちょこちょいです」「私は幸せです」など,回答者にしか分からない主観的な記述を,非合意反応とします。一般に回答の最初のほうに合意反応が表れ,その後,非合意反応が表れます。さらに,クーンらは合意反応の数をローカス・スコア (locus score) と呼んでいます。ローカス・スコアの値は,回答者がどれだけ自分を客観的,社会的枠組みの中でみているかを示します。つまりこの値が高いほど,社会の中での自分の役割や立場を多く意識していることになります。

　20答法には望ましい回答例はありません。「20の私」に記述された内容1つひとつが,自分の目でみた現在の自分の姿です。青年期は内的な自分に目を向けながらも社会的な自分を意識し,この2つの自分を統合していくことが求められます。それがアイデンティティなのかもしれません。「20の私」をもう一度読み返しながら,今の自分のあり方について考えてみてください。

9章

【Q 23】 (P. 151) 夢のメカニズムとして，以下の4つが挙げられます(滝沢，1992)。1つ目は，象徴（シンボル）です。ある事柄が別のことの本質的な意味を表すことで，たとえば夢の中の蛇やピストルは性的願望を示します。2つ目は，願望の充足で，夢の中で自分の欲求を満たすことです。3つ目は，検閲で，願望があまりに自由奔放にならないように検閲作用が働いて，夢ではまったく別の形で表現されることがあります。4つ目は，二次工作というものです。これは，目覚めてから夢を思い出していく際に，記憶にない部分を想像で作り上げたり，コンプレックスなどが都合よく内容を修正してしまうことです。

【Q 24】 (P. 154) 適度なしつけのある環境が，健全な欲求不満耐性の育成に必要だと述べました。このことについて，いくつか具体的に考えてみましょう。しつけは子どもとの間でのルールづくりでもあります。たとえば，物やお金を与えすぎないように，その年齢にふさわしい一定の範囲を親が子どもと相談して決め，そのルールを守らせることです。ルールが守れるようになれば，自分の欲求をコントロールする能力がつきます。それから，集団で1つのことをする体験も効果的でしょう。たとえば共同して表現活動をする，自然体験で山に登ることなどは，自分の欲求をコントロールする機会になるだけでなく，人間関係のスキルや協調性，忍耐力や成就感などの育成が可能です。

10章

【Q 25】 (P. 164) 田中氏が「温かい」人だという紹介文を読んだ場合，あなたは田中氏にどちらかといえばポジティブな印象をもつはずです。すなわち，社交的で，自己中心的ではなく，めったに怒らない人だろうといった認知をしたのではないでしょうか。田中氏が「冷たい」人だと紹介された場合は，どちらかといえば非社交的で自己中心的，怒りっぽい人であるといったネガティブな印象をもちやすいであろうと思われます。

【Q 26】 (P. 169) 認知的均衡理論からすると，あなた，あなたの恋人，知人の3者関係は不均衡状態になります。したがって，あなたは知人に対する態度を変えるか，恋人に対する態度を変えるかのいずれかの態度変容をすることになると思われます。その場合，最も変えやすい態度が変わるはずです。おそらくあなたの恋人に対する態度はそうそう変わらないでしょうから，知人に対する態度が変わることになるだろう，というのが，この理論からの予測です。でも，異論もあるかもしれません。どのような予測がどんな場合に成り立つか，考えてみてください。

【Q 27】 (P. 176) 自分の妻には専業主婦になってもらいたいと考える男性，自分は専業主婦になりたいと考える女性は，現実に相当数います。逆に，女性も仕事をもつべきだと考える男性も女性もいます。要は，自分のそうした考え方が，社会の期待，最終的には，配偶者の性役割観とマッチするかどうかが問題なのです。配偶者と考え方が一致するのであれば，どのような性役割観であっても，幸福な家庭生活が送られるのではないでしょうか。

用語解説

あ行

暗黙裡のパーソナリティ観 implicit personality theory　人が他者のパーソナリティを推測する時にもっている，個人的な心理的枠組みである。人は，これまでのさまざまな他者との出会いから，パーソナリティに関する素朴な見方や考え方を経験的にもっている。他者と出会った時，自分なりのパーソナリティ理論に基づいて，その人物を理解したり，その人物の行動を予測したり，その人物に対する接し方を決定している。体型や血液型，あるいは容貌でパーソナリティを判断するのもその1つといえる。

1次的ことばと2次的ことば　verbal activity at the primary and the secondary level　他者との直接的対話において，ことばのやり取り関係を通して言語活動が展開されていく時のことばを「1次的ことば」という。これに対し，話し手が聞き手に向かって一方的に発話を展開していく際のことばを「2次的ことば」という。書きことばもこれに含まれる。子どもは，まず前者の形で言語活動を身につけていくが，その上に学校教育が加わると後者の活動も可能になり，ことばは重層性をもつようになる。

音源定位　sound localization　音波が放射された位置（方向と距離）を判断することを音源定位という。なお，知覚された音を音像といい，その位置を判断することを音像定位 sound image localization という。したがって，定位された音像の位置が音源の位置と一致するとは限らない。音源定位は，視覚における立体視と同様に，外界に存在する音の3次元情報を抽出する機能である。両耳間の音波の強度差と時間差が，音源定位のための主な手がかりとなる。これは，左右いずれかに偏った音源から放射された音波に近い耳には，遠い耳よりも音波が強くかつ早く到達するからである。また，音源位置と頭部・耳介の形状の相互作用によって音波の周波数スペクトルが変化するため，これも音源定位のための手がかりとして用いられている。実環境においてはさらに，主に頭部の運動による音像の変化や，反射音なども音源定位のための手がかりとなっている。

か行

概念形成　concept formation　概念を形成する方略には，次のようなものがある。①いくつかの仮説を半分ずつうち消しながら概念に到達する方法である，焦点方略（focussing strategy）または全体方略（wholist strategy）。これが，最も能率のよい方法である。②1つだけの仮説を念頭に置き，1つずつうち消して概念を作っていく走査方略（Scanning Strategy）または部分方略（partial strategy）。③当てずっぽう的なやり方の置き換え方略（displacement strategy）もある。成人は焦点方略を用い，幼児や知的障害児・者は置き換え方略を用いることが多い。

カクテル・パーティ現象 cocktail-party phenomenon　注意された対象が意識体験として知覚・認知され，無視された対象は意識的な知覚・認知に至らない現象を，カクテル・パーティ現象という。パーティ会場では多くの人々の話声が合成されているので，特定の音声を意図的に聴き取ろうとしなければ，雑音に近い音が聞こえるに過ぎない。しかし，聴き取ろうとする音声に意図的に注意を向けることによって，それを音声として明瞭に知覚・認知することができる。一方，それ以外の会話はあたかもそこに存在しないかのように，まったく意識に上らない。これは注意によって，選択すべき対象の情報処理が速まったり，対象の活性度が高まるからである。さらに，注意はそれ以外の対象の活性度を低めているとも考えられている。

感覚運動的学習と知能 sensory motor learning/intelligence　ヴィオー（Viaud, G.）は，知的行動を，感覚運動的知能と概念的・論理的知能に分けて考えている。前者の実用的知能ともよばれる感覚運動的知能は，人間と動物に共通に認められるものである。その特徴は，行動や動作を通して知的に環境に適応することにある。ソーンダイク（Thorndike, E. L.）は，知能を抽象的知能，具体的（実際的）知能，社会的知能の3つに分けているが，このうち，具体的知能は感覚運動的知能に相当する。動作課題には，感覚・知覚的側面が多く含まれているので，かつては感覚運動（的）学習とよばれたが，近年は，知覚動作学習（perceptual motor learning）とよばれることも多い。

記号化 semiotization　対象や行動に記号としての意味を付与していく過程をいう。それは，能記（意味するもの）と所記（意味されるもの）との指示関係の成立としてみることができる。記号化の過程には理解と表現の2つの側面がある。前者は，乳児が母親の足音を授乳の合図（信号＝シグナル）として読みとったり，幼児が「長い鼻」の部分に「象」を代表する指標（インデックス）としての意味を与えたりするような場合である。イメージや概念等の表象は，記号化による心的産物であり，それに基づく知識は記号の体系である。後者は，そうした内的な表象を表現するため，他の事物を利用したり（小石で飴玉を），さらに自分の行動そのものを表現手段の身ぶり記号として用いたり，音声を言語記号として用いる場合である。その側面の記号化は象徴（シンボル）化活動や言語化活動と呼ばれる。

期待 expectancy ; expectation　対象となる個人や集団が，ある行動をしたり，ある状態になることを願望し待ち構えること。期待の対象者において，その行動や状態が実現されるであろうという見込み。期待をもつことによって，期待の抱き手自身が影響を受け，期待と一致する情報にのみ選択的に注意が向いたりするようになる。また，期待の対象も影響を受け，期待が対象者に何らかの形で伝達されることによって，対象者は期待に応じた反応をし，結果的に期待が実現することがある。

機能的固着・固定 functional fixedness　1935年に，ドゥンカー（Duncker, K.）によって実験的に確かめられたもの。たとえば，3つの紙の小箱に押しピン，マッチ，ローソクを入れたものがある。これだけを使って，ドアに3本のローソクをともして立てておく，という課題が与えられる。これを解決するには，箱をピンでとめて「ローソク立て」にする必要がある。このように物は，本来の使い道（機能的な意味）と，

それ以外の使い方をすることができる。あるものを本来の使い方で使用させた後，その同じものを他の機能をもつ道具として用いるように要求すると，その要求に応じられない。このことを，機能的固着という。

境界性人格障害 borderline personality disorder　情緒不安定でさまざまな衝動的行動，たとえば浪費，性行為，物質乱用，無謀な運転，むちゃ食い，リストカット，自殺企画などを繰り返し，安定した治療関係が保てないとして，精神科領域で特に問題とされるパーソナリティの障害である。

系統的脱感作療法 systematic desensitization therapy　行動療法のなかの中心的な方法で，それまでの精神医学では難治であるといわれていた恐怖症などの治療に効果をあげてきた。古典的条件づけを基礎とし，不安をおさえるための技法としてウォルピが創始したものである。一般的手続きとしては，不安の高さによって階層表を作り，最も弱い不安階層項目において，不安が弱められるようなイメージをうかべたり，催眠を行うことによってより不安を低くすることから始められる。このような手続きで，だんだん不安が強い項目においても行っていく。最終的には，その項目を，現実場面でも不安を生じないところまで，徐々に進められる。

言語獲得装置 language acquisition device : LAD　子どもがきわめて早期に，特別な学習をするでもなく，自然状況のうちに母国語を獲得していくこと，特に，むずかしい文法規則を容易に獲得していくことについて，チョムスキーは，子どもには生得的にLADが備わっていて，周囲の人が話す言語を受け入れるために，その言語に属する文を産出したり，理解するのに必要な文法的知識を出力として作り出したり働きを生得的に内蔵しているとした。ブルーナーは，この言語入力に際して，子どもが受け入れやすいような構造に大人が簡易化して与えている点を重視し，言語獲得における対人関係的基盤の重要性を指摘している。

健忘症 amnesia　器質的あるいは心因的原因によって生じる記憶障害を指す。一過性のものから永久的なものまであり，障害の程度においても多様である。1つの区分として，新しい情報を覚えることができない前向性健忘（anterograde amnesia）と障害が発生した時点より以前の出来事や知識を思い出せない逆向行性健忘（retrograde amnesia）に分けることができる。

行動化 acting out　行動化は，アクティングアウトとも呼んでいるが，衝動的，短絡的な自己破壊行為と考えられる。内容的には，自殺企図（自殺未遂），リストカット，脈絡のない異性関係，暴走行為などがある。悩みが深くなると，気持ちにゆとりがなくなり，追い詰められて自暴自棄になり，行動化に及ぶ。カウンセリングなどの心理療法を受けている時に行動化を起こすこともあるので，注意を要する。

刻印づけ imprinting　カモやニワトリなど離巣性の鳥類の雛にみられるもので，孵化直後の短時間のうちに出会った動く対象への追従反応を示す現象。臨界期と呼ばれる一定の期間に，ただ1回の経験で成立し，非可逆的であるという特徴をもっている。比較行動学者のローレンツ（Lorenz, K.）によって紹介され，広く知られるようになった現象で，刷り込みとも呼ばれる。

さ行

自我同一性 ego identity　同一性ということばはラテン語のidentitasに由来する。「全く同じものである」,「そのもの自身」,「正体」などの意味をもつ。自我同一性は「私は誰か」,「私とは何か」,「私は何になり得るか」という問いかけに対する答えであり,エリクソンに従えば,青年期の心理・社会的危機を示すことばである。同一性の拡散は,将来に対する希望の喪失,社会的に望ましくない役割への同一化,性アイデンティティの混乱,自意識過剰,課題への集中困難などを生じさせる。

自己効力感 self efficacy　ある結果を得るための行動を,自分がどれだけとることができるかという認知のことを自己効力感と呼ぶ。この自己効力感が高いほど,問題解決のためのコーピングが促進され,維持される。

思春期登校拒否 school refusal of puberty　学校にも家庭にも原因がないのに,心理的理由から登校できない状態をいう。学校へいけない(不登校)原因は,神経症的拒否,精神障害,怠学,学力不振,進路変更,いじめや病気など多様にわたる。その内,とくに登校拒否というのは,最初の神経症的拒否のことであり,小学校高学年から現れる思春期登校拒否と,低・中学年までにみられる母子分離不安型の登校拒否との2つのタイプが含まれる。

思春期登校拒否の発症は,勉強やスポーツなどで失敗して自尊心が傷つけられる危機的状況下におかれると,今までの自己像が通用しなくなり,立て直しがせまられ,自我同一性拡散の状況におかれることによる。

症状としては,内閉的傾向が強くなり,「ひきこもり」状態が持続する。家庭内暴力,身体的愁訴,昼夜逆転などが現れる場合もある。治療法は,自我を立て直す重要な時期ととらえて共感的・受容的態度でつきあうことである。

失語 aphasia　構音に必要な筋肉の麻痺や聴力の障害もなく,意識も正常で,言語の障害を説明するに足りるような知能低下がないにもかかわらず,言語の理解や表出に障害のある状態を失語という。したがって,舌や喉,顔などの筋肉の麻痺による話しことばの障害は失語ではない。また,聴力低下による理解の障害や,脳の明確な病変以外の原因によって生じた言語障害(吃音や精神病などによるもの)も失語ではない。失語にはブローカ失語やウェルニッケ失語の他に,言語理解は良好であり流暢さも保たれているが,特に名詞の想起が障害される健忘失語や,同様に理解能力・流暢さは保たれているが,発話の誤りの修正を繰り返すためにぎこちない発話となる伝導失語,言語機能の全てが障害される全失語などがある。

周辺人 marginal man　2つ,またはそれ以上の集団に所属しながらも,それぞれの集団のなかで中心的な地位や役割をもたず,その周辺部に位置している人のことで,境界人ともいう。転勤してきて新しい居住地になじめないでいる人,結婚をし,配偶者の家族と一緒に生活し始めたが,その家の生活習慣や味つけになれることができず,結婚前の生活とのはざまにあって精神的に不安定になっている人などである。青年期も子どもの世界から大人の世界への過渡期にあって,周辺人的性格をもっている。

障害児 handicapped children　WHOの定義によれば,自己や疾病による構造や

機能の損失や不全を，損傷（impairment），その結果もたらされる能力の制限や低下を，能力低下（disability），さらにはそのために社会がもたらす生活上の不利を社会的不利（handicap）と呼ぶ。現在「障害をもつ子」の意味を「社会的にハンディを課せられている子」としてとらえられるようになってきた。従来は，「障害」の問題をすべて個人の能力や人格上の問題に還元してとらえられてきたが，最近では社会の中にその子がどういう形で位置づけられるかという対人関係の中において「障害」の意味をとらえ直す考え方が強まってきている。

生涯発達 life-span development　生涯発達的な指向はいくつかの学問分野に歴史的起源をもち，それらを背景にして現在の行動科学研究に新たに登場してきた。発達や行動の分野で「生涯発達的視点」と呼ばれるアプローチには，さまざまなテーマ・命題が含まれている。これらの根本は，①人間の発達的変化が受胎から死まで続くこと，②その変化は生物学的・心理的・社会的・歴史的・進化的影響を受けながら生じること，③これらのいろいろな影響は個人の人生のどの時期かによって左右されること，である。

象徴機能 symbolic function　広義には，その場に現前しない事象や事物を，表現することができる働きをさす。その表現媒体としては，事物そのものとは別の事物や，行動，身ぶり，音声，ことばなどが用いられる。そこでは，対象となる事象や事物と，それを表現する媒体（シンボルまたはシンボル体と呼ばれる）とが，その対象について心的に形成された表象を介して関係づけられいることを特徴とする。シンボル（象徴）記号の特徴は，記号（能記）と対象（所記）が分化している点にある。一般にことばは，シンボルの中の最も進歩した特殊な形態とされるが，シンボルをことばと区別してとらえるときは，シンボルは能記と所記関係が分化はしているが，知覚的には類似性をもち，また個人が主体的に意味づけることによっても成立するととらえる。一方，ことばは能記と所記関係が恣意的であるだけでなく，社会的な規約性をあわせもつとみなされる。しかし，いずれにせよ象徴機能は言語機能を支える中心的な機能であり，生後1歳半から2歳頃にその基礎が形成され，それと軌を一にしてことばの組織的獲得が可能になる。

情報処理過程 information processing　人間の思考過程が，コンピュータによるデータ処理の仕方に似ていることから名づけられた用語である。

　コンピュータは，符号化，保存，検索の工程で起動する。人間の思考過程も同様に，物理的情報が視覚や聴覚などの受容器に入力され（符号化），中枢部へ転送されて，短期記憶として，さらに，リハーサルされたり，分類・統合されて長期記憶として保持され（貯蔵），必要なときに取りだして活用される（検索）という過程を経る。

　符号化の段階での感覚記憶は，保持量は多いが，留まる時間は短い（一秒以内）。貯蔵の段階での短期記憶は，保持量は少ないが，数10秒間は残存する。さらに，長期記憶は，保持量が多く，長期間持続する。

職務 job　ある職業上の地位についている人がおこなうことを期待されている，仕事の総体。一定の権限と責任を伴う。例えば，ウェイトレスが3人で，注文を取る，注文された品物を運ぶなどの仕事をしているとき，3人で1つの職務を遂行しているといえる。経営における人事や労務管理の

基本的単位。

人格障害 personality disorders　パーソナリティの著しい偏りによって，適応的な判断や行動，感情の抑制ができず，そのために本人あるいは周囲の人たちが苦しんでいる障害である。パーソナリティの偏りは，通常，持続的，恒常的であり，児童期早期までさかのぼることもできる。また，パーソナリティには，健康な人間であっても一人ひとり特有の偏りがあり，さらに正常と障害とは連続した状態であるので，人格障害をどのように定義するかは，難しい。

アメリカの精神医学会（2000）による『DSM-IV-TR 精神疾患の分類と診断の手引き』では，以下のように分類している。
A群：統合失調症と関係の深いタイプ
妄想性人格障害，統合失調質人格障害，統合失調型人格障害
B群：社会的不適応を起こしやすいタイプ
反社会的人格障害，境界性人格障害，演技性人格障害，自己愛性人各障害
C群：無力性，神経症的なタイプ
回避性人格障害，依存性人格障害，強迫性人格障害

神経症　neurosis　心理的な原因によって生じる心身の機能的な障害である。フロイト（Freud,S.）の考えにしたがえば，幼児期の外傷体験，とりわけ性的な外傷体験，つまり子ども時代の重要な他者（たとえば養育者）との間で解決されなかったさまざまな人間関係にまつわる葛藤が，心の奥底に無意識的にたくわえられ，ある時期，同じような問題に遭遇した時，再び無意識的によみがえり，心身に症状をもたらすといえる。従来からの分類では，不安神経症，強迫神経症，恐怖症，心気症，ヒステリーが含まれる。

神経症は個人的要因による発症とみなすことができる一方で，個人をとりまく社会文化的要因を考える必要もある。つまり，個人をとりまく環境が個人の心にさまざまな影を落とす状況では，個人が抱く漠然とした不安感，孤立感，疎外感などが神経症の発症に大きく関わるという指摘がある。そのためDSM-IVでは，不安障害，身体表現性障害，解離性障害，気分障害の中に分類している。

心身症　pshchosomatic diseases　心と体とは密接に関連している。ふだんでも，緊張した場面におかれると，心臓の動悸が速くなるし，手に汗をかいたりする。

多くの場合，人は緊張状態を解消する手立てをもっているが，慢性的なストレッサー（有害刺激）にさらされ，ストレス状態を解消できないとき，身体は病的反応を示す。心身症とは「身体疾患の中で，その発症や経過に心理社会的因子が密接に関与し，器質的ないし機能的障害が認められる病態をいう。ただし，神経症やうつ病など，他の精神障害に伴う身体症状は除外する」（日本心身医学会，1991）と定義される。つまり心理社会的因子によって，生体内のホメオスターシスに歪みが生じ，この歪みが自律神経系や内分泌系を介して器官に伝達され，機能的・器質的変化を起こした状態をいう。気管支喘息，本態性高血圧症，胃潰瘍，糖尿病，更年期障害など多くの疾患が心身症として考えられる。

心的外傷後ストレス障害　post traumatic stress disorder　自分や他人の死の危険や暴力（戦争や地震・火災などの災害，レイプなどの犠牲者になるなど）に遭遇し，通常の適応行動では対処できない恐怖体験・自己統制の喪失体験を体験すること（外傷体験）をきっかけとして発症する，激しい恐怖感や無力感，不安感などを伴う不安

障害の一種である。日本では，1994年の北海道南西沖地震，1995年の阪神大震災で多くの被災者が出たことによって，特に注目を集めるようになった。

心理的離乳 psychological weaning 青年期における，親からの心理的自立への努力の過程をいう。それは，時として親への反抗や親に対する愛と憎の葛藤を生み出す。人と人の間には，必ず別離の時がくること，親子の間にも個性の相違があり，子どもは親を乗り越え，個性的に生きることが求められること，親と子では生きる時代の特徴が異なることを考えると，青年が，自律性を獲得して独自の価値観・信念に基づいて生活できるようになるのは，この時期の発達課題であるといえる。

生活習慣病 life-style related diseases 脳卒中，がん，心臓病などの成人期の疾患は，外部要因（病原体，有害物質，事故，ストレッサーなど）と遺伝要因（遺伝子異常，加齢など）とともに，個人の生活習慣（食生活，運動，喫煙，休養など）が深く関わっている。これらの疾患群の発症・進行の予防のために生活習慣の改善が必要であるという考えから名づけられた疾患概念が「生活習慣病」である。

公衆衛生審議会（1996）は，生活習慣と関係する疾患として次のものを挙げている。食習慣が関係するもの：インスリン非依存糖尿病，肥満，高脂血症，高尿酸血症，循環器病，大腸がん，歯周病など。運動習慣が関係するもの：インスリン非依存糖尿病，肥満，高脂血症，高血圧症など。喫煙の習慣が関係するもの：肺扁平上皮がん，循環器病（先天性のものを除く），慢性気管支炎，肺気腫，歯周病など。飲酒の習慣が関係するもの：アルコール性肝疾患など。

説得的コミュニケーション persuasive communication 他者の態度や行動を特定の方向に変容させようと，主として言語的手段を用いておこなわれるコミュニケーションのこと。受け手を納得させるためのものであり，命令や強制，禁止とは区別される。誰が，誰に，何を，どのように伝達するかによって，説得効果は異なる。

ソーシャルサポート social support 適応が困難な状況に直面した場合に，社会的対人関係の中で得ることのできる援助をソーシャルサポートという。社会的な支援とも言えるが，励ましなどの心理的なものから必要な情報を提供してもらったり実際の手助けをしてもらうなどさまざまなものがある。これらのソーシャルサポートが行われることで，コーピングの促進や維持がなされる。

た行

達成動機 achievement motive その人が所属している文化の中で，非常に高い水準でものごとを成し遂げようとする意欲をいう。達成動機の高さには種々の要因が関わっている。幼少期の親子関係のなかで体験してきた感情的要因，民族・宗教・社会経済的階層，男女の養育法，親の価値観など社会文化的要因などが挙げられる。親の子どもに対する養育態度と，達成動機の高さとの関係を調べた研究によると，幼少期に子どもの自主的態度を暖かく励まして高く評価したり，子どもに高い基準の達成を期待すると，その子どもの達成動機はより育成されることが示されている。

知能の一般因子と特殊因子 general and specific intelligence factor スピアマン（Spearman, C.）は，知的活動に共通に働

く一般因子と,相互に独立した特殊な知的活動に限って働く特殊因子があることを,厳密な統計的手法によって証明した。これを,知能の2因子説という。そして,知能の個人差は,この2つの因子の種類と量によって決まると考えた。後に彼は,特殊因子のいくつかをまとめて郡因子を考えた。知能の因子については,この他に,サーストン(Thurstone, L. L.)の多(重)因子説,ヴァーノン(Vernon, P. E.)の階層説などさまざまな説がある。

TAT法 thematic apperception test
マレー(Murray, H. A.)を中心とするハーバード大学心理学クリニックのスタッフが考案した,絵に対して作られる物語から,作った人のパーソナリティの特徴を明らかにしようとする心理検査である。多様な受け取り方ができるような場面を描いた図版30枚を,被験者に1枚ずつ見せて,それぞれに物語を作ってもらうという手続きをとる。マレーの欲求—圧力分析によると,物語の主人公はほぼ被験者自身を表している。その主人公の衝動,願望,意図など,環境に向かって発する力(欲求)と,環境から主人公に対して発する力(圧力)について詳しく調べられる。個々の物語に認められる欲求と圧力の強さを5段階に評定していき,最後に合計し,標準値と比較する。

動機づけ motivation ある行動を引き起こす原動力となる原因を動機または動因といい,その動機を引き出すことを動機づけという。動機づけの方法を考える場合には,学習者の発達の段階や生活経験,学習者の要求や興味をよく知る必要がある。動機づけの具体的方法としては,①報酬と罰を適切に用いる,②学習の目標を明確に意識させ理解させる,③学習した結果をフィードバックする,④競争意識をもたせるなどによって学習場面を工夫する,などが挙げられる。

な行

ニュー・ルック心理学 new-look psychology ブルーナー(Bruner, J. S.)らは,10歳の子ども群に5種類の貨幣を提示し,大きさを判断させ,貧富の差によって見かけの大きさに一定の傾向があることを見出した。すなわち,貧しい家庭の子どものほうが高価な貨幣を過大視する認知的強調化の傾向があった(1947)。

1940年頃までの知覚研究は,もっぱら対象や周囲の物理的特性と感覚・知覚との関係について進められたが,ブルーナーらの研究を契機に人間側の要因,つまり要求や態度・過去経験などによって知覚がどう影響を受けるかが取り扱われるようになってきた。この動向をニュー・ルック心理学と呼ぶ。その後,人間を社会的存在としてとらえる傾向が強まり,社会的知覚や対人認知の研究へと発展した。

は行

パターン認識 pattern recognition パターンとは,いくつかの要素の配置や組み合わせ,形状などのことである。人はさまざまな感覚情報の中からパターンを見出し,文字や顔,声などの処理・認知を行う。パターン認識に関しては,2つの方向からの処理が考えられている。1つはトップダウン処理(概念駆動型処理)であり,もう1つはボトムアップ処理(データ駆動型処理)である。トップダウン処理とは,知識や予期(概念)に導かれてパターンを識別するものであり,ボトムアップ処理とは,個々の特徴分析(データ)を積み重ね,全体としてのパターンを特定するものである。両

処理は個別に働くのではなく, 相互作用によってパターンの認識を行う。

発達課題 developmental task 発達におけるそれぞれの段階において, 解決すべき心理社会的な課題のことである。発達課題という場合, 一般的にはハヴィガースト (Havighurst, R. J.) のものを指すことが多いが, エリクソン (Erikson, E. H.) の発達論に基づく発達課題もある。エリクソンは, 生涯にわたって発達段階を提唱し, 乳児期, 幼児期, 児童期, 学童期, 思春期・青年期, 成人期, 壮年期, 老年期の 8 段階に区分した。各段階では, 心理社会的危機と呼ばれる発達課題が示されている。

ピーターパン症候群 Peter・Pan syndrome カイリー (Kiley, D.) によって名づけられた用語で, 社会人としての責任や義務が果たせない, 大人になりきれない青年男子をいう。ピーターパンは, ミュージカルやディズニー映画の主人公として登場し,「おとぎの島」で遊び暮らしている永遠に子どものままの少年である。

　自己愛的傾向が強く, 自分の行動に不安感をもち, 無責任にふるまったり, 異性を蔑視したりする未熟な行動が特徴である。原因は, 両親の共稼ぎによる家庭の教育機能の低下や, 過保護・過干渉に育てられて自我の弱い性格が形成されたこと, また, 女性の権利が強くなってきたことによるといわれる。

ピック病 pick disease 1898 年に, ピック (Pick, A) が発見した初老期痴呆の一種。脳の萎縮が, 前頭葉と側頭葉を中心に認められる。一般には初老期に発病し, 特異な人格障害や情動の変化を主症状とし, これに痴呆がしだいに加わり, さらに進むと植物状態となっていく。多様な症状が表れるが, 基本的症状は, ①人格の著明な変化(統合失調症と誤診されることもある), ②一種独特な無頓着, 不熱心, 不真面目な態度, ③特異なことばの繰り返し(滞続言語) がみられる。

偏見 prejudice 特定の集団や個人に対する確固とした非好意的な態度のことで, 十分な正しい根拠のないままに形作られ, 社会的に学習される。固定化された態度という点でステレオタイプと類似しているが, ステレオタイプは事実の指摘によって修正可能であるのに対し, 偏見は, その根拠が疑われることもなく解消されにくい。

ま行

問題解決スキル problm-solving skills 問題解決のためには, それに必要なスキル (技能) が要求される。問題解決のためには, 状況把握, 解決手段の決定, その実施, 結果の検討などが行われなければならない。その人の問題解決スキルが高いか, 低いかで, コーピングがうまくなされるかどうかが決まる。

ら行

ラポール rapport 面接者と被面接者, 治療者と被治療者との間の相互信頼的, 親和的な関係をいう。格式ばった日常会話ができる段階からさらに深まった関係で, 相互に思っていることが包み隠さず話せ, 面接者は感じたままの助言ができ, 相手も素直に受け止められる状態である。

　面接者・治療者がラポール形成を図る上で留意すべき条件は, ①被面接者の思いを価値判断しないで, 無条件に受容すること, ②被面接者の思いを共感的に理解すること, ③面接者の思いが相手に受け入れられなく

てもこだわらないこと，④面接者は自分を見失わず，個人としての自覚をもっていることである。

立体視　stereopsis, stereoscopic vision　網膜に投影された2次元画像から，奥行き情報を含んだ3次元構造を構築し，視覚的対象を立体として知覚することを立体視という。立体視は次の手がかりによって成立する。①水晶体の調節や眼球の輻輳，両眼視差から得られる神経生理的情報（生理的手がかり），②対象の大きさや高さ，肌理の勾配，陰影，対象どうしの重なり合いなど（絵画的手がかり），③身体運動に伴って生じる，対象の移動の距離（運動的手がかり）。3次元構造を2次元画像に変換することは容易であるが，逆は非常に難しい。なぜなら，一つの2次元画像を与える3次元構造は無数に存在し得るからである。脳は，その無数の解の中から最も妥当と推定される解を，上記の手がかりや対象が持つ物理的特徴に関する知識を統合・分析することによって得ている。

〈引用・参考文献〉

Bruner, J. S., & Goodman, C. C. 1947 Value and need as organizing factors in perception. *Journal of Abnormal and Social Psychology.* **42**, 33-44.

公衆衛生審議会　1996　生活習慣に着目した疾病対策の基本的方向性について（意見具申）

岡本夏木　1991　児童心理　岩波書店

小此木啓吾・深津千賀子・大野裕（編）1998　心の臨床家のための必携精神医学ハンドブック　創元社

引用文献

●1章●●

Erikson, E. H. 1964 *Insight and responsibility*. Norton.[鑪幹八郎（訳） 1972 洞察と責任 誠信書房]
Havighurst, R. J. 1953 *Human development and education*. Longmans.
久留一郎 1986 自我・自己とその障害 野西恵三（編）改訂 心理学 人間理解と援助的接近 北大路書房 181-198.
前田重治 1976 心理面接の技術 慶応通信
Maslow, A. H. 1962 *Toward a psychology of being*. D. Van Nostrand.[土田吉一（訳） 1964 完全なる人間―魂のめざすもの 誠信書房]
Rhine, J. B. 1934 *Extrasensory perception*. Boston : Boston Society for Psychic Research.
Rogers, C. R. 1951 *Client-centered therapy*. Houghton Mifflin.
利島 保 1988 超心理学からの出発 小杉正太郎・荘厳舜哉・利島 保・長田久雄 心の発見 心の探検 30 ミネルヴァ書房 3-6.

●2章●●

浅川龍憲 1981 児童の発達と精神衛生 昇地三郎（監修） 精神衛生要論 相川書房 59-78.
Erikson, E. H. 1963 *Child and society* (Rev. ed). New York : W. W. Norton.[仁科弥生（訳） 1977 幼児期と社会 I みすず書房]
Gesell, A. & Thompson, H. 1941 Twin T and C from infancy to adolescence : a biogenetic study of individual differences by the method of co-twin control. *Genetic Psychology Monographs*, **24**, 3-121.
Gottschaldt, K. 1942 *Die Methodik der Persönlichkeitsforschung in der Erbpsychologie*. Berlin : Barth.
Havighurst, R. J. 1953 *Human development and education*. New York : Longmans Green.[荘司雅子（訳） 1958 人間の発達課題と教育 牧書店]
Hollingworth, L. S. 1928 *The Psychology of the Adolescence*. Appeleton.
井上 俊 1971 青年の文化と生活意識 社会学評論 22.
Jensen, A. R. 1968 Social class,race and genetics ; Implications for education. *American Educational Research Journal*, 1-42.
厚生省（監修） 1998 厚生白書（平成10年度版）
国立社会保障・人工問題研究所 1997 「第11回出生動向基本調査」
宮沢秀次 1998 若者の就職意識 詫摩武俊（監修） 性格心理学ハンドブック 福村出版 836-837.
西尾和美 1998 アダルト・チルドレン 癒しのワークブック 本当の自分を取りもどす16の方法 学陽書房 31-48.

●3章●●

岩田　誠　1996　脳とことば―言語の神経機構―　共立出版

Kahle, W. 1979 *Taschenatlas der Anatomie : für Studium und Praxis. Band 3 : Nervensystem und Sinnesorgane.* Stuttgart : Georg Thieme Verlag.[越智淳三（訳）　1984　分冊解剖学アトラスⅢ　文光堂]

Nakayama, K. Shimojo, S. & Silverman, G. H. 1989 Stereoscopic depth : Its relation to image segmentation, grouping, and the recognition of occluded objects. *Perception*, **18**, 55-68.

Pritchard, R. M. 1961 Stabilized images on the retina. *Scientific American*, **204**, 72-78.

Rubens, A. B. & Benson, D. F. 1971 Associative visual agnosia. *Archives of Neurology*, **24**, 305-316.

新村　出（編）　1991　広辞苑　第4版　岩波書店

杉本助男　1983　刺激欠乏環境　瀬川道治（編）　いま環境を考える　共立出版　114-127.

山鳥　重　1985　脳からみた心　日本放送出版協会

●4章●●

Atkinson, J. W. & Reitman, W. R. 1956 Performance as a function of motive strength and expectancy of goal attainment. *Journal of Abnormal and Social Psychology*, **53**, 361-366.

Atkinson, J. W. & Walker, E. L. 1956 The affiliation motive and perceptual sensitivity to faces. *Journal of Abnormal and Social Psychology*, **53**, 38-41.

Domino, G. 1971 Interactive effects of achievement orientation and teaching style on academic achievement. *Journal of Educational Psychology*, **62**, 427-431.

Fantz, R. 1966 Pattern, discrimination and selective attention as determinants of perceptional development from birth. In A. H. Kidd & H. L. Rivorire (Eds.), *Perceptional development in children.* New York : International University Press. Inc. 143-173.

Gough, H. G. 1957 *Manual California Personality Inventory.* Consulting psychologists Press.

Holland, J. L. 1973 *Making vocational choices.* Englewood Cliffs, N. J. : Prentice-Hall.

Maslow, A. H. 1943 A theory of human motivation. *Psychological Review*, **50**, 370-396.

McClelland, D. C. 1958 Risk taking in children with high and low need for achievement. In J. W. Atkinson (Ed.) *Motive in fantasy, action, and society.* Van Nostrand. 306-321.

Murray, E. J. 1964 *Motivation and Emotion.* Englewood Cliffs, New Jersey : Prentice-Hall, 1964[八木　晃訳　1966　現代心理学入門3　動機と情緒　岩波書店]

鹿内啓子・後藤宗理・若林　満　1982　女子大生の社会的・職業的役割意識の形成過程に関する研究―性役割タイプと自己評価を中心として　名古屋大学教育学部紀要（教育心理学科），**29**, 101-136.

下山晴彦　1986　大学生の職業未決定の研究　教育心理学研究，**34**, 20-3.

下村英雄　1996　大学生の職業選択における情報探索方略―職業的意思決定理論によるアプローチ　教育心理学研究　**44**(2), 145-155.

下村英雄　1998　大学生の職業選択における決定方略学習の効果．教育心理学研究　**46**(2), 193-202.

Skinner, B. F. 1938 *The behavior of organism : An experimental analysis.* Appleton-Century Co., Inc.

戸川行男　1953　TAT日本版絵画統覚検査解説　金子書房．

曽我部和宏・下山　剛　1977　児童における達成動機づけの訓練　(2)　訓練効果の検討　日本教育心理学会第19回総会発表論文集，584-585．

Super, D. E. & Bohn, M. L. 1970 *Occupational psychology.* Belmont, Calif, : Wadsworth publishing, Co.[藤本喜八・大沢武志（訳）　1973　職業の心理　ダイヤモンド社]

Winterbottom, M. R. 1959 The relation of need for achievement to learning experiences in independence and mastery. In J. Atokinson (Ed.) *Motives in fantasy, action, and society.* Princeton :

Van Norland. 453-478.
Thorndike, E. L. 1911 Animal intelligence. MacMillan.
若林　満・鹿内啓子・後藤宗理　1983　職業レディネスと職業選択の構造―保育系，看護系，人文系短大生における自己概念と職業意識との関連　名古屋大学教育学部紀要(教育心理学科)，**30**，63-98.
若林　満・後藤宗理・鹿内啓子　1984　女子大生における職業選択過程の予測的研究(I)―就職決定群と未決定群の比較をもとに　名古屋大学教育学部紀要（教育心理学科），**31**，123-161.
若林　満・伊藤雅子（編）　1985　女性は自立する　福村出版

●5章●●

Binet, A. 1905 Échelle metrique de l'intelligence. *L'Année Psycholgi*, 191-244.
Binet, A. 1911 *Les idées modernes sur les enfants*. Paris : Flammarion.[波多野完治（訳）　1961　新しい児童観　明治図書］
Duncker, K. 1926 A qualitative(experimental and theoretical) study of productive thinking (solving of comprehensible problems). *Journal of Genetic Psychology*, **33**, 642-708.
Duncker, K. 1935 *Zur psychologi des produktiven denkens*. Berlin : Springer.[小宮山栄一（訳）　1952　問題解決の心理　金子書房］
Duncker, K. 1945 On problem-solving. *Psychological Monographs*, **58**, No. 270(Whole)
Gilbert, J. C. 1941 Mental less in senescence. *Journal of Abnormal Social Psychology*, **36**, 73-86.
Goleman, D. 1995 *Emotional intelligence—Why it can matter more than IQ* [土屋京子（訳）　1996　EQ―こころの知能指数　講談社］
Guilford, J. P. 1950 Creativity. *American Psychologist*, **5**, 444-454.
Guilford, J. P. 1959 Three faces of intelligence. *American Psychologist*, **14**, 469-679.
Guilford, J. P. 1967 *The nature of human intelligence*. New York : McGrow-Hill.
肥田野直　1973　知能検査の種類　八木　晃（編著）心理学II　130-139.
細田和雄　1968　思考　木田重雄・足立正常・山口光哉・西山　啓・祐宗省三・細田和雄・井上　厚　改訂心理学　フタバ書店　98-110.
今塩屋隼男　1989　頭の良さを決めるもの　堀　忠雄・齊藤　勇（編）　脳と心のトピック100　誠信書房　67-88.
鎌田ケイ子　1998　訪問介護方法論　厚生省高齢者ケアサービス体制整備検討委員会（監修）介護支援専門員テキストII　長寿社会開発センター　62-75.
金子満鄉　1998　ボケる脳の謎がとけた―前頭前野が教える痴呆対策―　日本放送出版協会
菊本　修　1999　精神医学の立場から―痴呆予防に向けた提言―　柿木昇治・山田富美雄（編）　シニアライフをどうとらえるか―研究の視点と提言―　北大路書房　49-68.
Köhler, W. 1917 *intelligenzprüfungen an menshenaffen*. Berlin : Springer.[宮　孝一（訳）　類人猿の知恵試験　1962　岩波書店．］
厚生省老人保健福祉局介護保険制度施行準備室　1998　介護保健制度導入の背景　1．高齢化の進展と高齢者を取り巻く状況の変化　厚生省高齢者ケアサービス体制整備検討委員会（監修）介護支援専門標準テキスト第I巻　長寿社会開発センター　3-15.
黒田洋一郎　1998　アルツハイマー病　岩波書店
Lehman, H. C. 1953 *Age and achievement*. Pinceton, N. J. : Princeton Univ. Press.
Lindley, E. H. 1987 A study of puzzles with special reference to the psychology of mental adaptation. *American Journal of Psychology*, **8**, 431-493.
Luchins, A. S. & Luchins, E. H. 1950 New experimental attempts preventing mechanization in problem solving. *Journal of General Psychology*, **42**, 279-297.
Luchins, A. S. & Luchins, E. H. 1959 *Rigidity of behavior*. Eugence : University of Oregon

books.
牧 康夫 1973 思考 八木 晃（編著） 心理学Ⅰ 培風館 311-352.
Munn, N. L. 1962 *Intruduction to Psychology*. Boston : Houghton Mifflin Co.
大塚俊男 1995 痴呆の社会対策―現状とそれから― 長谷川和夫（監修） 老人期痴呆マニュアル 日本医師会 168-180.
Osborn, A. F. 1957 *Applied imagination*. New York : Charles Schreibe's Sons.［上野一郎（訳） 1982 独創性を伸ばせ ダイアモンド社］
Spearman, C. E. 1904 "General intelligence" objective determined and measured. *American Journal of Psychology*, **15**, 201-203.
高橋正臣 1979 知能 原岡一馬・河合伊六・黒田輝彦（編） 心理学―人間行動の科学― ナカニシヤ出版 229-254.
竹田真理子 1991 創造性と創造思考 河合伊六・松本安雄（編） 現代心理学図説（第2版） 北大路書房 39.
辰野千壽 1968 改訂学習心理学 金子書房 230-252.
Thomson, G. H. 1939 *The factorial analysis of human ability*. Boston : Houghton Mifflin.
Thorndike, E. L. 1921 Intelligence and its measurement : A symposium. *Journal of Educational Psychology*. **12**, 124-127.
Thorndike, E. L. 1911 *Animal intelligence*. New York : Macmillan.
宇野正威 1997 もの忘れは「ぼけ」の始まりか PHP研究所
Wallace, G. 1926 *The art of thought*. London : Jonathan Cape.
Wechsler, D. 1939 *The measurement and appraisal adult intelligence*. Willams & Willkins.
山口光哉 1979 記憶と思考 原岡一馬・河合伊六・黒田輝彦（編） 心理学―人間行動の科学― ナカニシヤ出版 161-192.

● 6章 ● ●

Atkinson, R. C. & Shiffrin, R. M. 1968 Human memory : A proposed system and its control processes. In K. W. Spence and J. T. Spence (Eds.) *The psychology of learning and motivation* (Vol. 2). London : Academic Press.
Baddeley, A. D. & Warrington, E. K. 1970 Amnesia and the distinction between long and short-term memory. *Journal of Verbal Learning and Verbal Behaviour*, **9**, 176-189.
Bransford, J. D. & Johnson, M. K. 1972 Contextual prerequisites for understanding : Some investigations of comprehension and recall. *Journal of Verbal Learning and Verbal Behaviour*, **11**, 717-726.
Carmichael, L., Hogan, H. P. & Walter, A. 1932 An experimental study of the effect of language on the reproduction of visually perceived form. *Journal of Experimental Psychology*, **15**, 73-86.
Cohen, G. 1989 *Memory in the real world*. Lawrence Erlbaum Associates.［川口 潤・浮田 潤・井上 毅・清水寛之・山 祐嗣（訳） 1992 日常記憶の心理学 サイエンス社］
Loftus, E. F. & Palmer, J. C. 1974 Reconstruction of automobile destruction : An example of the interaction between language and memory. *Journal of Verbal Learning and Verbal Behaviour*, **13**, 585-589.
Loftus, E. F. & Pickrell, J. E. 1995 The formation of false memories. *Psychiatric Annals*, **25**, 720-725.
McCloskey, M. & Zaragoza, M. 1985 Misleading postevent information and memory for events : Arguments and evidence against memory impairment hypotheses. *Journal of Experimental Psychology : General*, **114**, 1-16.

長田由紀子 1994 老人と回想 教育と医学, **42**, 1068-1073.
Shallice, T. & Warrington, E. K. 1970 Independent functioning of verbal memory stores : A neuropsychological study. *Quarterly Journal of Experimental Psychology*, **22**, 261-273.
Tulving, E. 1989 Memory : Performance, knowledge, and experience. *The European Journal of Cognitive Psychology*, **1**, 3-26.
矢部久美子 1998 回想法―思い出話が老化をふせぐ 河出書房新社

● 7 章 ● ●

Ainsworth, M. D. S., Blehar, M. C., Waters, E. & Wall, S. 1978 *Patterns of attachment : A psychological study of the strange situation*. Lawerence Erlbaum.
Baron-Cohen, S., Leslie, A. M. & Frith, U. 1985 Does the autistic child have a "theory of mind"?. *Cognition*, **21**, 37-46.
Bem, S. L. 1974 The measurement of psychological androgyny. *Journal of Consulting and Clinical Psychology*, **42**, 155-162.
Bowlby, J. 1969 *Attchment and loss. Vol. 1 : Attachment*. Hogarth Press.[黒田実郎・大羽 秦・岡田洋子 (訳) 1976 母子関係の理論 1 愛着行動 岩崎学術出版]
Brown, R. 1973 *A first language*. Harvard University Press.
遠藤久美・橋本 宰 1998 性役割同一性が青年期の自己実現に及ぼす影響について 教育心理学研究, **46** (1) 86-94.
遠藤利彦 1997 乳幼児期における自己と他者, そして心―関係性, 自他の理解, および心の理論の関連性を探る― 心理学評論, **40**, 57-77.
Frith, U. 1989 Autism : Explaining the Enigma.[富田真紀・清水康夫 (訳) 自閉症の謎を解き明かす 東京書籍]
Grice, H. P. 1975 Logic and conversation. In P. Cole & J. L. Morgan (Eds), *Syntax and semantics, Vol. 13. Speech Acts*. New york, NY : Academic Press.
伊藤英夫 1995 自閉症児の母子関係の発達―Strange Situation との関係から 早稲田心理学年報, **27**, 47-54.
数井みゆき 1998 やさしさと愛着―やさしさの土台を作る人間関係― 子どもと遊び研究会 (編) 子どもの「やさしさ」を育む本 PHP 研究所 67-113.
子安増生 1996 生涯発達心理学のすすめ ゆうひかく選書 有斐閣
Leekam, S. R., & Perner, J. 1991 Does the autistic child have a metarepresentational deficit? *Cognition*, **40**, 203-218.
Luria, A. R. 1961 *The role of speech in the regulation of normal and abnormal behavior*. New York : Liveright Publishing Corporation.[天野清 (訳) 現代の心理学 文一総合出版.]
Markman, E. M. 1992 Constraints on word learning : Speculations about their nature, origins, and domain specificity. In M. R. Gunnar & M. Maratos (Eds), *Modularity and constraints in language and cognition*. Hillsdale : Lawrence Erlbaum Associates. pp. 59-101.
村田孝次 1973 幼児の言語教育 培風館
岡本夏木 1982 子どもとことば 岩波新書
岡本夏木 1985 ことばと発達 岩波新書
荻野美佐子 1997 コミュニケーションの発達 井上建治・久保ゆかり (編) 子どもの社会的発達 東京大学出版会 185-204.
Perner, J., Leekam, S. R., & Wimmer, H. 1987 Three-year-olds' difficulty with false belief. *British Journal of Developmental Psychology*, **5**, 125-137.
Quine, W. V. 1960 Word and objects. Cambridge, MA : MIT Press.

Rogers, S. J., Ozonoff, S. & Maslin-Cole, C. 1991 A comparative study of attachment behavior in young children with autism or other psychiatric disorders. *Journal of the American Academy of Child and Adolescent Psychiatry*, **30**, 483-488.

Spence, J. T., Helmreich, R. & Stapp, J. 1975 Rating of self and peers on sex role attributes and their relation to self-esteem and conceptions of masculinity and femininity. *Journal of Personality and Social Psychology*, **32**, 29-39.

内田伸子　1993　会話における性差　日本語学, **12**, 156-168.

内田伸子　1999　発達心理学―ことばの獲得と教育―　岩波書店

綿巻　徹　1993　1歳から2歳までの言語獲得　無藤　隆（編）別冊発達15　現代発達心理学入門　ミネルヴァ書房　147-157.

綿巻　徹　1997　言葉の使用からみた心の交流　丸野俊一・子安増生（編）子どもが「こころ」に気づくとき　ミネルヴァ書房　143-170.

矢野喜夫・落合正行　1991　発達心理学への招待―人間発達の全体像をさぐる　サイエンス社

●8章●●

Allport, G. W. 1937 *Personality : A psychological interpretation*. Henry Holt[詫摩武俊・青木孝悦・近藤由紀子（訳）1982　パーソナリティ―心理学的解釈　新曜社]

芦原　睦　1998　エゴグラム―あなたの心には5人家族が住んでいる　扶桑社

衣笠隆幸　1998　ヤングアダルトのひきこもり　臨床精神医学第27巻増刊号.　国際医書出版　147-152.

公衆衛生審議会　1996　生活習慣に着目した疾病対策の基本的方向性について（意見申）（厚生省ホームページ http://www.mhw.go.jp/ より）

Kuhn, M. H. & McPartland, T. S. 1954 An empirical investigation of self-attitudes. *American Sociological Review*, 68-76.

前田重治　1994　続　図説臨床精神分析学　誠信書房

Maslow, A. H. 1962 *Toward a psychology of being*. D. Van Nostrand.[上田吉一（訳）1964　完全なる人間―魂のめざすもの　誠信書房]

関根　剛　1992　ユングのタイプ論　氏原　寛・小川捷之・東山紘久・村瀬孝雄・山中康裕（編）心理臨床大事典　培風館　119-122.

杉田峰康　1985　講座サイコセラピー　第8巻　交流分析　日本文化科学社

詫摩武俊　1967　性格はいかにつくられるか　岩波書店

詫摩武俊　1986　性格の類型論　詫摩武俊（監）パッケージ・性格の心理　第4巻　性格の諸側面　ブレーン出版　66-81.

詫摩武俊　1990　性格の定義・性格の研究史　梅本堯夫・大山　正（監）新心理学ライブラリ9　性格心理学への招待　サイエンス社　1-13.

●9章●●

Ammerman, R. T. & Hansen, D. J (Eds.)　1990 *Treatment of family violence*. John Willy & Sons.

Lazarus, R. S. & Folkman, S. 1984 *Stress, appraisal, and coping*. Springer.[本明　寛・春木　豊・織田正美（監訳）1991　ストレスの心理学　実務教育出版]

西澤　哲　1999　トラウマの臨床心理学　金剛出版

野西恵三　1984　適応とその障害　野西恵三編　心理学―人間理解と援助的接近―　北大路書房　213-230.

岡安孝弘　1997　健康とストレス　島井哲志編　健康心理学　培風館　99-110.

住田勝美・林　勝造・一谷　彊・中田義朗・秦　一士・津田浩一・西尾　博・西川　満訳　1987　P-F

スタディ解説―1987年版―　三京房
末松弘行　1991　摂食障害の治療　小此木啓吾・末松弘行編　今日の心身症治療　金剛出版　169-173.
滝沢清人　1992　夢分析　二期出版

●10章●●

Asch, S. E. 1955 Opinions and social pressure. *Scientific American*, **193**, 31-35.
Cohen, C. E. 1981 Person categories and social perception: Testing some boundaries of the processing effects of prior knowledge. *Journal of Personality and Social Psychology*, **40**, 441-452.
Darley, J. M. & Gross, P. H. 1983 A hypothesis-confirming bias in labeling effects. *Journal of Personality and Social Psychology*, **44**, 20-33.
Deutsch, M. & Gerard, H. B. 1955 A study of normative and informational social influence upon individual judgment. *Journal of Abnormal and Social Psychology*, **51**, 629-636.
福丸由佳・無藤　隆　1999　成人期における多重役割と心理的健康度について(1)―仕事役割と家庭役割の相互作用を中心として―　日本発達心理学会第10回大会発表論文集，505.
Heider, F. 1958 *The psychology of interpersonal relations*. New York: Wiley.
梶田叡一　1988　自己意識の心理学　第2版　東京大学出版会
梶田叡一　1990　生き方の心理学　有斐閣
Kelley, H. H. 1950 The warm-cold variables in first impressions of persons. *Journal of Personality*, **18**, 431-439.
Krech, D., Crutchfield, R. S. & Ballachey, E. L. 1962 *Individual in society*. New York: McGraw-Hill.
Morinaga-Okada, Y. & Koshi, R. 1988 Preferences and perceived social norms for division of work and family responsibilities among Japanese college students. *Psychological Reports*, **63**, 403-406.
Morinaga, Y., Sakata, K. & Koshi, R. 1992 Marital satisfaction and division of family-related tasks among Japanese married couples. *Psychological Reports*, **70**, 163-168.
森永康子　1994　男女大学生の仕事に関する価値観　社会心理学研究，**9**，97-104.
大村政男　1991　血液型と性格　福村出版
労働省女性局（編）1999　平成10年版女性労働白書―働く女性の実情―　財団法人21世紀職業財団
Rosenberg, M. J. & Hovland, C. I. 1960 Cognitive, affective, and behavioral components of attitudes. In M. J. Rosenberg, C. I. Hovland, W. J. McGuire, R. P. Abelson. & J. W. Brehm (Eds.), *Attitude organization and change*. New Haven: Yale University Press. Pp. 1-14.
Sherif, M., Harvey, O. J., White, B. J., Hood, W. R. & Sherif, C. W. 1961 *Intergroup conflict and cooperation: The robbers cave experiment*. Norman, Oklahoma: University of Oklahoma Institute of Intergroup Relations.
Tajfel, H. & Turner, J. C. 1986 The social identity theory of intergroup behavior. In S. Worchel & G. Austin (Eds.), *Psychology of intergroup relations*. 2nd edition. Chicago: Nelson-Hall. Pp. 7-24.

事項索引

●あ

愛着（アタッチメント）　109
愛着行動　109
アダルト・チルドレン　27
後知恵バイアス　97
誤った信念課題　120
アルツハイマー型痴呆　87
安全の基地　109

●い

1語発話　112
1語文　112
1次的ことば　117
1次的欲求　59
一般職業適性検査　178
偽りの記憶　98
異文化間コミュニケーション　124
意味記憶　94
印象形成　164

●う

WISC-III　75
WPPSI　75
ウェルニッケ失語　51
運動の知覚　45

●え

エゴグラム　140
S-R理論　4
S-O-R理論　6
エピソード記憶　94
MMS　88

●お

オペラント条件づけ　56
音源定位　41
音声の記号化　115

●か

外因性　137
外語　119
外集団　172
階層性理論　64
改訂型長谷川式痴呆評価スケジュール　88
概念　83
概念形成　83
外発的動機づけ　60
回避性人格障害　139
書きことば　119
拡散的思考　81
学習　54
学習権　68
カクテル・パーティ現象　46
仮現運動　4
過食症　158
カリフォルニア人格検査　65
感覚　38
感覚運動的学習　84
感覚記憶　92
感覚障害　49
間接的要求行為　118
観念失行　52
間脳　47

●き

気質　130
期待　171
機能的固着　80
規範の影響　172
記銘　90
規約性　114
虐待　160
強化子　57
拒食症　158
均衡状態　170

●け

経験説　3
KJ法　83
形態心理学　4
系統的脱感作療法　56
系列位置効果　93
血液型ステレオタイプ　167
血液型性格判断　167
血管性痴呆　87
結婚　33
結晶性知能　85
言語獲得装置　116
言語的コミュニケーション　108
健忘　52
健忘症　91

●こ

高機能自閉症児　121
高次脳機能障害　52
構成心理学　3
行動主義　4
後頭葉　47
合理化　152
コーピング　155
刻印づけ　21
ごっこ遊び　113,114
古典的条件づけ　54
コンフリクト　149

●さ

サイ (psi) 現象　7
作業記憶　92
錯視　39
錯覚　39
3か月微笑　109
3項関係　114

●し

恣意的関係　114
自我　10
自我同一性　15,31,134
自我同一性拡散　15
自我同一性の危機の時代　15
自我の強さ　15

刺激欠乏環境　42
自己　10
自己愛人格障害　139
試行錯誤　77
自己学習能力　65
自己実現　11,136
自己実現の欲求　12,64
自己主張　31
自己成就予言　167
自己中心語　118
自殺　159
失語　50
失行　52
失算　52
失認　49
疾風怒濤の時代　29
自動的処理　46
自分理解　10
自閉症　121
社会的行動　164
社会的スキル　174
社会的態度　164,168
社会的欲求　61
集団間の対立　173
集団規範　171
集中的思考　81
周辺人的性格　29
主観的輪郭　39
出社拒否　158
順応　148
準備態勢　23
昇華　152
生涯学習　68
生涯発達　70
条件刺激　55
条件反応　55
象徴機能　112,113
情動知能　79
情動的交流　109
小脳　47
情報的影響　172
所慮　114
職業興味理論　67
職業選択　66,178
職業適性検査　178

職業発達理論　66
職務　178
初語　112
助詞　117
自律神経失調症　156
心因性　137
人格障害　138
神経症　138, 156
新行動主義　6
心身症　138
心身二元論　2
心的外傷（トラウマ）　27, 99, 160
心的外傷後ストレス障害（PTSD）　99, 160
シンボル（象徴）　114
信頼性　140
心理的な安全基地　123
心理的離乳　29, 32
心理的両性具有性型（アンドロジニー）
　　125, 126
進路選択　66
親和動機　61

●す

スクリプト　100
スチューデント・アパシー　16
ステレオグラム　43
ステレオタイプ　166
ステレオタイプ的認知　166
ストレンジ・シチュエーション法　109, 123

●せ

性格　130
生活習慣病　138
制御的処理　46
成熟　22
精神的健康　136
精神年齢　76
精神分析　5
制約論　116
性役割　176
性役割葛藤　126
性役割観　125, 176
説得的コミュニケーション　169
宣言的記憶　94
前頭葉　47

●そ

躁うつ病（気分障害）　138
想起　90
操作的定義　8
双生児法　23
創造性テスト　82
創造的思考　81
側頭葉　47

●た

退行　152
対人認知　164, 165
態度形成　169
態度変容　169
第2言語　124
第2次性徴　28
第2の誕生　28
大脳　47
タイプA行動　138
達成動機　62
妥当性　140
ダブル・バインディング（二重拘束）　118
短期記憶　92

●ち

知覚　38
知的好奇心　59
知能　74
知能検査　75
知能構造のモデル　75
知能指数（IQ）　76
知能低下　52
知能偏差値　76
着衣失行　52
注意　46
長期記憶　92
超常現象　7

●つ

追随達成傾向　65

●て

TAT法　62
TOT状態　102

適応　148
適応機制　151
撤退　153
手続き的記憶　94
電報体文　112

●と

同一化　151
動機づけ　58
道具的安全基地　123
道具的コミュニケーション　108
道具的条件づけ　56
統合失調症　138
統合失調質人格障害　139
洞察　78
投射　151
同調　171
頭頂葉　47
逃避　153
特性論　131
独立達成傾向　65

●な

内因性　137
内観法　3
内語　119
内集団　172
内集団－外集団バイアス　173
内的作業モデル　111
内発的動機づけ　59
喃語　111

●に

2語発話　112
2次的ことば　117
2次的欲求　59
認知　38
認知的均衡理論　169

●の

ノイローゼ　156
脳幹　47
能記　114
脳機能の局在　47
脳損傷　48

●は

パーソナリティ　130
パーソナリティテスト　140
廃用性痴呆　87
パターン認識　92
8か月不安　109
発達　20
発達課題　12
発達過程　104
発達段階　25
発達の原理　20
半側視空間無視　49
反動形成　152

●ひ

BSRI　126
P-Fスタディ　155
ひきこもり症候群　139
非言語的コミュニケーション　108
ピック病　87
人見知り　109
独言　118
ビネー式知能検査　75
病気への逃避　153
表象　114

●ふ

VPI職業興味適性検査　178
不均衡状態　170
物体失認　49
フラストレーション　149
ブレインストーミング　82
ブローカ失語　51
文法（統語規則）　116

●へ

ヘッドスタート計画　24
偏見　167

●ほ

防衛機制　151
防衛的攻撃　153
ホーソン実験　61
保持　90

●ま

まだら痴呆　87

●む

無条件刺激　55
無条件反応　55

●め

メタ記憶　101
メタ認知　102

●も

目撃者の証言　96
モラトリアム　17
問題解決　77

●や

役割取得能力　118
野生児　24
やりとり遊び　113

●ゆ

指さし　112, 113

●よ

抑圧　151
欲求不満耐性　153
読み書き能力　119

●り

立体視　41
リハーサル（復唱）　92
流動性知能　85
臨界期　22

●る

類型論　131
類人猿の知恵試験　77

●れ

レスポンデント条件づけ　55
連想の三原則　3

●ろ

老人性痴呆　86

人名索引

●A

アドラー (Adler, A.) 5
エインズワース (Ainsworth, M. D. S.) 109
オルポート (Allport, G. W.) 130
アリストテレス (Aristoteles) 2
アッシュ (Asch, S. E.) 171
アトキンソン (Atkinson, R. C.) 63

●B

バッハ (Bach, J. S.) 22
バロン-コーエン (Baron-Cohen, S.) 121
バーン (Berne, E.) 140
ビネー (Binet, A.) 75
ボウルビー (Bowlby, J.) 109
ブランスフォード (Bransford, J. D.) 100
ブルーナー (Bruner, J. S.) 8

●C

カーマイケル (Carmichael, L.) 96

●D

ダーリー (Darley, J. M.) 166
ダーウィン (Darwin, C.) 22
デカルト (Descartes, R.) 3
ドミノ (Domino, G.) 66
ドゥンカー (Duncker, K.) 78

●E

エリクソン (Erikson, E. H.) 15, 22, 104, 134

●F

ファンツ (Fantz, R.) 60
フォークマン (Folkman, S.) 155
フロイト (Freud, S.) 5, 23
福来友吉 7

●G

ゴールトン (Galton, F.) 22
ギルバート (Gilbert, J. C.) 84
ゴットシャルト (Gottschaldt, K.) 23
ゴーフ (Gough, H. G.) 65
グライス (Grice, H. P.) 118
グロス (Gross, P. H.) 166
ギルフォード (Guilford, J. P.) 74

●H

ハヴィガースト (Havighurst, R. J.) 12, 25
ハイダー (Heider, F.) 169
ヒポクラテス (Hippokratēs) 132
ホランド (Holland, J. L.) 67
ホリングワース (Hollingworth, L. S.) 29
ホブランド (Hovland, C. I) 168
ハル (Hull, C. L.) 6

●I

井上 俊 30

●J

ジェンセン (Jensen, A. R.) 24
ジョンソン (Johnson, M. K.) 100
ユング (Jung, C. G.) 6, 133

●K

梶田叡一 175
ケリー (Kelley, H. H.) 164
ケーラー (Köhler, W.) 5, 77
クレッチ (Krech, D.) 168
クレッチマー (Kretschmer, E.) 133

●L

ラザルス (Lazarus, R. S.) 155
リーカム (Leekam, S. R. 122
ロック (Lock, J.) 3
ロフタス (Loftus, E. F.) 96

ローレンツ（Lorenz, K.）　*21*
ルーチンス（Luchins, A. S.）　*80*

●M

マークマン（Markman, E. M.）　*116*
マズロー（Maslow, A. H.）　*11, 64, 136*
松本亦太郎　*3*
マックレーランド（McCleland, D. C.）　*63*
宮沢秀次　*32*
森永康子　*177*
マレー（Murray, E. J.）　*62*

●N

西尾和美　*27*

●O

荻野美佐子　*108*
岡本夏木　*114, 117*
オズボーン（Osborn, A. F.）　*82*

●P

パーマー（Palmer, J. C.）　*96*
パヴロフ（Pavlov, I. P.）　*54*
パーナー（Perner, J.）　*120, 122*

●R

ライン（Rhine, J. B.）　*7*
ロジャース（Rogers, C. R.）　*11*
ローゼンバーグ（Rosenberg, M. J.）　*168*

ローゼンツバイク（Rosenzweig, S.）　*154*

●S

シェリフ（Sherif, M.）　*173*
鹿内啓子　*67*
下山晴彦　*68*
シモン（Simon, T.）　*75*
スキナー（Skinner, B. F.）　*6, 57*
スピアマン（Spearman, C. E.）　*74*
スーパー（Super, D. E.）　*66*

●T

ターマン（Terman, L. M.）　*75*
ソーンダイク（Thorndike, E. L.）　*56, 77*
ティチェナー（Titchener, E, B.）　*3*
トールマン（Tolman, E. C.）　*6*

●U

内田伸子　*125*

●W

若林満　*67*
ワラス（Wallace, G.）　*81*
ワトソン（Watson, J. B.）　*2, 23, 54*
ウェクスラー（Wechsler, D.）　*75*
ウエルトハイマー（Wertheimer, M.）　*4*
ウィンターボトム（Winterbottom, M. R.）　*63*
ヴント（Wundt, W.）　*3*

◆執筆者一覧◆

●編者
　田口則良　　福山平成大学学長

●執筆者
　田口則良　　編者　　　　　　　　　　　　　（1章）
　村田義幸　　長崎大学教育学部　　　　　　　（2章）
　赤井俊幸　　広島国際大学医療福祉学部　　　（3章）
　田中真理　　東北大学大学院教育学研究科　　（4章）
　今塩屋隼男　　　　　　　　　　　　　　　　（5章）
　南　　学　　松山大学経営学部　　　　　　　（6章）
　澤田忠幸　　愛媛県立医療技術大学　　　　　（7章）
　李木明徳　　広島文教女子大学人間科学部　　（8章）
　安東末廣　　宮崎大学教育文化学部　　　　　（9章）
　越　良子　　上越教育大学学校教育学部　　　（10章）

〔編者紹介〕

田口　則良 〈たぐち・のりよし〉

　　1932年　　宮崎県生まれ
　　1963年　　広島大学大学院教育学研究科修士課程修了（教育心理学専攻）
　　　　　　　広島大学学校教育学部教授を経て，
　現　在　　福山平成大学学長
　　　　　　　文学博士
　主　著　　思考研究入門第1巻（共著）　明治図書　1970年
　　　　　　障害乳幼児の保育（編著）　北大路書房　1978年
　　　　　　ちえ遅れの子の学習意欲を高める授業の実際（編著）　北大路書房　1978年
　　　　　　精神薄弱研究の方法（共著）　教育出版　1983年
　　　　　　学校心理学（編著）　東信堂　1986年
　　　　　　現代社会と精神衛生（共著）　東信堂　1987年
　　　　　　精神薄弱児の学習指導（共著）　北大路書房　1991年
　　　　　　教育・保育双書⑲　障害児保育　北大路書房　1993年
　　　　　　精神遅滞児の認知的動機づけに基づく指導法の研究　北大路書房　1994年

自分理解の心理学

2000年3月1日　　初版第1刷発行　　　定価はカバーに表示
2006年3月20日　　初版第7刷発行　　　してあります。

編　著　者　　田　口　則　良
発　行　所　　㈱北大路書房
〒603-8303　京都市北区紫野十二坊町12-8
電　話　(075) 4 3 1 - 0 3 6 1㈹
Ｆ Ａ Ｘ　(075) 4 3 1 - 9 3 9 3
振　替　01050-4-2083

©2000　印刷／製本　㈱太洋社
検印省略　落丁・乱丁本はお取り替えいたします。

ISBN4-7628-2171-3　　　　　　　　　　　Printed in Japan